Données de catalogage avant publication (Canada)

Gervais, Marc, 1964-

   Nous: un chemin à deux

   (Collection Réussite personnelle)

   Comprend des références bibliographiques

   ISBN 2-89225-505-8

   1. Amours. 2. Amour. 3. Couples. 4. Sexualité (Psychologie). 5. Relations entre hommes et femmes. I. Titre. II. Collection.

HQ801.G47 2002   306.73   C2002-941643-4

© Les éditions Un monde différent ltée, 2002
Pour l'édition en langue française

Dépôts légaux: 4e trimestre 2002
Bibliothèque nationale du Québec
Bibliothèque nationale du Canada
Bibliothèque nationale de France

Conception graphique de la couverture:
OLIVIER LASSER

Photo du couple Chantal et Marc:
ROLLANDE TREMBLAY

Photo de l'auteur:
ROBERT SAVOIE

Photocomposition et mise en pages:
COMPOSITION MONIKA, QUÉBEC

ISBN 2-89225-505-8

Nous reconnaissons l'aide financière du gouvernement du Canada par l'entremise du Programme d'Aide au Développement de l'Industrie de l'Édition pour nos activités d'édition (PADIÉ) ainsi que le gouvernement du Québec grâce au ministère de la Culture et des Communications (SODEC).

Imprimé au Canada

Marc Gervais
Auteur du best-seller *La Renaissance*

Nous
Un chemin à deux

Les éditions Un monde différent ltée
3905, rue Isabelle, bureau 101
Brossard (Québec)
J4Y 2R2
Tél. : 450 656-2660 Téléc. : 450 659-9328
Site Web : www.unmondedifferent.com
Courriel : info@umd.ca

Ce livre est dédié à tous ces gens qui ont un désir sincère de célébrer l'amour sans retenue.

ELLE ME DONNE

Elle me donne sa main
Comme on donne sa joie
J'entends sa voix dans le petit matin
Ses yeux de braise
Attisent et réchauffent mon cœur...

Elle me donne les mots
Qui coulent dans l'amour
Comme le soleil réfléchit dans l'eau pure
Et dans l'azur toujours un bleu plus mûr
Qui chante...

J'ai tant à lui donner
Et tant la regarder
Que mes yeux dans leur vol
Virevoltent frivoles
Comme la terre sur elle-même
Dans tout son univers se love...

J'ai tant à lui donner
De mes yeux à mes lèvres
Un sourire qui éclate
Comme une fleur aimée
Et les doigts du matin
Pour caresser sa peau que j'aime...

Elle me donne un sourire
Qui se pose sur ma bouche
Comme un baiser se répand sur les lèvres
Et dans la fièvre le souvenir
D'un été qui brûle...

Elle me donne ses yeux
Qui ne pensent qu'à moi
Tout son regard accompagne mon émoi
Je suis un roi
Quand je la tiens là dans mes bras...

J'ai tant à lui donner
Et tant la regarder
Que mes yeux dans leur vol
Virevoltent frivoles
Comme la terre sur elle-même
Dans tout son univers se love...

J'ai tant à lui donner
De mes yeux à mes lèvres
Un sourire qui éclate
Comme une fleur aimée
Et les doigts du matin
Pour caresser sa peau que j'aime...

Paroles et musique: Jean-Pierre Manseau
Auteur-compositeur-interprète
de Théo et Antoinette,
un classique de la chanson québécoise

MARCGERVAIS.COM

MARC GERVAIS

Marc Gervais est membre de l'*Association des Conférenciers Professionnels du Canada* et il est disposé à donner des conférences axées sur la motivation et la croissance personnelle aux entreprises, en milieu scolaire, pour les instances gouvernementales et privées. Son sujet préféré touchant l'équilibre intérieur peut être communiqué au sein des entreprises, auprès de groupes d'employés ou de cadres supérieurs afin de favoriser l'harmonie personnelle et organisationnelle. Marc Gervais peut présenter des conférences pour des groupes d'au moins 50 personnes, en français ou en anglais, et ce, au Québec, au Canada, aux États-Unis et en Europe. Et il peut fort bien adapter ses conférences à vos besoins.

Il est aussi disponible pour des consultations privées sur rendez-vous seulement. Pour obtenir une information détaillée sur les services offerts, vous pouvez communiquer directement avec lui.

Courriel: *larenaissance@sympatico.ca*

Marc Gervais, homme de cœur, a un parcours professionnel hors du commun. Il est d'abord connu du grand public pour avoir fondé, en 1995, *La Renaissance*, une entreprise nationale qu'il a mise sur pied pour aider les gens à découvrir leur véritable potentiel en guérissant leurs blessures du passé. Policier de formation, habitué de côtoyer dans son métier des gens aux prises avec des dépendances de toutes sortes, Marc a compris assez vite qu'il désirait être plus près des gens pour les épauler, aussi a-t-il quitté son poste dans la police et est-il devenu conférencier pour *La Renaissance*.

C'est d'ailleurs un être qui, ayant vécu une enfance et une adolescence difficiles (abus sexuels, rejet, fuite dans l'alcool et la drogue, divorce, deuil, humiliation, etc.), a réussi à s'en sortir et communique maintenant sa passion de vivre à qui veut l'entendre.

Après plus d'un millier de conférences, de soirées thématiques et de sessions de croissance personnelle touchant tour à tour des sujets forts comme la dépendance affective, les relations amoureuses toxiques, le pardon, les drogues, les caractéristiques des gens heureux, le lâcher prise, entre autres, Marc se fraie peu à peu un chemin dans le cœur des gens. Et son charisme en aide plus d'un.

Marc a écrit son premier livre, *La Renaissance, retrouver l'équilibre intérieur*, publié aux *éditions Un monde différent*, et qui est à l'heure actuelle un best-seller québécois. Dans cet ouvrage, il relate bien sûr des pans de sa vie mais il aborde surtout les questions de fond qui touchent les rapports humains. Dans ce deuxième livre, *Nous: Un chemin à deux*, Marc traite des relations de couple.

Marc Gervais possède ce talent incomparable d'approfondir des thèmes précis et de leur donner en même temps une couleur humoristique, comme pour dégager le trop-plein d'émotions et passer malgré tout un message.

C'est ce qu'ont pu découvrir les spectateurs ravis du Théâtre Saint-Denis à Montréal, alors qu'il y faisait salle comble en compagnie d'une équipe professionnelle à souhait, mêlant sketchs et chansons, et où monsieur et madame Tout-le-monde se reconnaissaient, étaient touchés et riaient de bon cœur avec les personnages présentés.

Marc est aussi chroniqueur pour certains journaux, *Le Reflet* de Prescott Russell et *Le Régional* de Hawkesbury-Lachute, et ses articles sont lus par des milliers de personnes chaque semaine. Certains des textes de *Nous: Un chemin à deux* ont d'abord été publiés sous forme de chroniques, mais ils ont été retravaillés et mis à jour pour le livre.

Voilà, après vous avoir brossé ce bref portrait de Marc, vous comprenez peut-être un peu mieux ce qui motive toujours un grand nombre de gens à vouloir l'écouter.

Voici d'ailleurs ce qu'en dit une des participantes à ses conférences:

«Personne extraordinaire, Marc Gervais déborde de passion pour tous les objectifs qu'il se fixe dans sa vie.

«Entreprendre de nouveaux projets et prendre certains risques, cela démontre son hardiesse à l'action en relevant des défis de plus en plus grands. Cet homme, pour lequel j'éprouve tant d'admiration, m'inspire par son habileté à inciter les gens à croire en leurs possibilités, ce qui les amène à se dépasser. Son attitude positive, face aux événements quotidiens, dénote une grande richesse, soit une belle philosophie de la vie.

«En plus d'avoir d'excellentes idées, il maîtrise le talent de les communiquer efficacement, clairement, logiquement. Il réussit facilement à tenir une foule en haleine pendant des heures.

«Cet homme a su développer avec simplicité le potentiel qui est en lui et être une source d'inspiration pour les autres. Son succès dans les sessions de croissance personnelle *La Renaissance* est attribuable à son bagage d'expériences personnelles et professionnelles, à son souci sincère des autres, à sa motivation et aux efforts consacrés à atteindre ses objectifs.

«Son charisme lui permet de livrer ses connaissances avec humour et amour, à ainsi aider les personnes à découvrir les forces qui les habitent pour qu'elles puissent se réaliser totalement.

«Sûr de lui-même, optimiste face aux expériences de la vie, énergique devant les défis à relever, Marc est doté d'un magnétisme personnel et il réussit à transmettre des messages d'espoir aux personnes qu'il croise sur sa route.

«En un mot, Marc est un être exceptionnel qui déploie de l'ardeur et du don de soi, pour faire progresser l'humanité.»

Yolande Carrière, Plantagenet, Ontario

COORDONNÉES DE LA RENAISSANCE

La Renaissance est une conférence qui traite de croissance personnelle touchant plusieurs aspects de la vie d'une façon humoristique, émotionnelle et avec une touche musicale.

La conférence est simple, efficace et basée sur l'écoute. Rien ne t'oblige à faire quoi que ce soit, alors sois bien à l'aise. On demande tout simplement aux participants et aux participantes d'écouter plutôt que de parler. La Renaissance devient alors une conférence bénéfique pour chacun, et ce, même pour les plus timides.

Nous offrons des conférences d'une journée à trois jours, des spectacles-thérapies ainsi que des consultations individuelles.

Pour de plus amples informations, consulte notre site Web:

SITE WEB: MarcGervais.com
COURRIEL: larenaissance@sympatico.ca

ADRESSE DU SIÈGE SOCIAL
La Renaissance
C.P. 633
Hawkesbury, Ontario
Canada K6A 3C8

Communique aussi avec nous pour recevoir un dépliant de nos conférences.

TÉLÉPHONES:
Outaouais: (819) 669-7168
Ontario: (613) 632-9654

TABLE DES MATIÈRES

LE PERDRE

RAVIVER LA FLAMME

INTRODUCTION

Aussitôt que tu t'oublies au profit d'une autre personne, tu cours le risque de te perdre toi-même. Quand tu en viens à renoncer à ta propre identité, tu négliges alors l'importance de certaines règles de base primordiales pour préserver l'harmonie, l'amour et le respect dans un couple. L'amour frappe à ta porte quand tu t'intéresses vraiment à toi-même, que tu cesses de te définir par ta relation avec quelqu'un d'autre ou par son absence. C'est pourquoi les déséquilibres dans les relations de couple sont généralement reliés au manque d'estime de soi de l'un des partenaires ou des deux. Il va donc de soi que pour conserver une relation de couple saine, il faut que chacun ait un esprit sain et une solide estime de soi[*].

Avant de célébrer l'amour du couple, je crois que chacun devrait être en mesure de se réjouir de la beauté de sa vie, de s'aimer soi-même, tout étant épanoui, et ce, même dans sa solitude. Ta relation amoureuse n'est pas toute ta vie, mais elle est un beau complément à ta vie. Pour améliorer ta relation de couple, il faut que vous le

---

[*] Pour t'aider dans ta réflexion sur ce sujet, je te propose de lire le livre d'Aline Lévesque, *Guide de survie par l'estime de soi*, publié aux éditions Un monde différent, Saint-Hubert, 2000, 256 pages.

vouliez tous les deux, car à ramer seul sur un bateau, on tourne souvent en rond et on arrive rarement à bon port.

En fait, je te suggère de partager la lecture de ce livre avec ton conjoint pour ensuite pouvoir discuter avec lui des thèmes abordés et grandir ensemble. L'amour n'est certainement pas ce qu'on peut appeler une science exacte, mais on peut dire qu'il est intimement lié à l'estime que tu as de toi-même et de tes choix en amour ou même en amitié. Si tu veux rehausser la qualité de ta relation, rehausse ton estime de toi-même.

Pendant des années, on nous a enseigné à l'église à nous aimer les uns les autres mais je trouve triste qu'on n'ait jamais pris le temps de vraiment nous expliquer comment être en mesure de bien le faire. Ce livre est une compilation de réflexions et d'expériences de vie sur les rapports amoureux (j'en profite d'ailleurs ici pour remercier mes ex-copines pour leur participation indirecte à cet ouvrage). J'ai choisi de le diviser en cinq grands volets qui marquent habituellement un parcours amoureux: SE CONNAÎTRE (pour comprendre et mieux vivre l'amour), LE VIVRE, EN JOUIR, LE PERDRE et RAVIVER LA FLAMME. Tu retrouveras à même ces grands thèmes des textes que j'ai écrits et qui peuvent nourrir ta réflexion.

Bien entendu, ce sont mes opinions et des épisodes de ma vie qui sont relatés ici. C'est de cette façon qu'il faut les considérer, ni plus ni moins, sans aucune prétention. Si tu veux découvrir d'autres facettes de moi, je t'invite à lire mon premier livre publié chez le même éditeur: *La Renaissance, retrouver l'équilibre intérieur.*

Tu remarqueras aussi que je m'adresse à toi en te tutoyant, ça fait partie de moi, j'ai alors l'impression d'être plus près de chacun et je trouve que ça donne un ton plus personnel à mon message. Je fais la même chose lors de mes conférences. De plus, pour ne pas trop alourdir le texte, j'utilise davantage le genre masculin, mais il va de soi que je m'adresse tout autant aux femmes qu'aux hommes puisque le livre est axé sur les relations de couple.

SE CONNAÎTRE

LA DÉFINITION DU VERBE AIMER

Aimer, c'est avoir la volonté de se dépasser dans le but de nourrir sa propre évolution ou celle de l'autre. On ne doit jamais donner son amour en attendant d'en recevoir en retour, mais pour exprimer et partager ce que l'on ressent. L'amour est vrai, simple et éternel. L'amour est si fort qu'il peut transformer une personne. Lors de mes conférences, j'ai vu tellement de gens changer totalement leur vie pour le mieux quand ils ont pris conscience de leur vraie valeur et de leur amour-propre.

«L'amour ne jalouse pas, ne possède pas.» Aimer, c'est accepter l'autre tel qu'il est, avec son passé, ses défauts. Aimer l'autre, c'est aussi être capable de le laisser vivre sans l'étouffer et sans vouloir lui imposer tes règles ou les souffrances de tes histoires anciennes, telles la jalousie et la peur de l'abandon.

Cependant, pour pouvoir aimer autrui, il faut avant tout être capable de t'aimer toi-même. Par conséquent, pour être épanoui en amour, cela comporte souvent un travail nécessaire à accomplir sur toi-même. Aimer et être aimé, voilà deux besoins fondamentaux chez l'être humain qui assurent sa joie de vivre et son épanouissement personnel. D'ailleurs, la majorité des problèmes sociaux actuels sont liés à des déséquilibres d'amour-propre.

Dans la majorité des cas, les gens qui ont de la difficulté à être aimés éprouvent d'abord de la difficulté à être aimables.

Dans la vie, on récolte ce que l'on sème. Tu éviteras un lot de malheurs à beaucoup de gens si tu comprends que tu dois être bien dans ta peau avant de rencontrer quelqu'un en vue de développer une relation amoureuse. Malheureusement, pour compenser leur mal-être, la plupart des gens font l'inverse et cherchent plutôt à entrer en relation avec quelqu'un pour être bien. Si tu as grandi dans une famille dysfonctionnelle où tu as manqué d'amour, il vaut mieux que tu fasses ton ménage intérieur avant d'entamer des relations de dépendance affective destructrices sur ton parcours – des relations qui te meurtriront et, par le fait même, en feront souffrir d'autres.

Aimer quelqu'un ne devrait pas s'avérer un besoin mais un choix. Deux personnes s'aiment vraiment quand elles sont capables de vivre l'une sans l'autre, tout comme elles peuvent très bien décider de vivre ensemble par amour. Est-ce que l'amour dans ta vie est un complément ou un fardeau? Oui, l'amour est important mais à quel prix? Je te souhaite bien sûr de trouver l'amour, mais pas jusqu'à en perdre la raison. Tant de gens se laissent dévaloriser, négliger et abuser mentalement et physiquement, croyant que le fait d'être en amour avec la personne qui abuse d'eux les oblige à rester dans cette relation par amour ou pour prouver leur amour. Sache que le pardon n'est pas synonyme de naïveté.

Prends d'abord conscience et comprends que tu as d'autres choix que de demeurer dans une relation toxique.

Bien sûr, tu peux être en amour avec quelqu'un mais malheureux dans ta relation avec lui. Dans de telles situations, certaines personnes vont choisir de rompre avec cette torture mentale justement par amour pour elles-mêmes. Il faut parfois souffrir pour grandir. La croissance et le dépassement passent souvent par la souffrance... mais quelle satisfaction ensuite!

Eh oui, l'amour peut unir deux personnes ensemble pour la vie, mais il arrive aussi que l'amour que l'on éprouve pour soi-même soit assez fort pour ne plus accepter de vivre une relation insatisfaisante et pousse l'un des partenaires du couple à vouloir se séparer, précisément pour retrouver ce bonheur qu'il a perdu. L'amour peut briser les cœurs, mais il a aussi le don de les faire revivre et de les enflammer plus souvent qu'autrement.

L'AMOUR DE SOI
DANS UNE RELATION DE COUPLE

J'ai rencontré tellement de personnes malheureuses qui tenaient leur conjoint responsable de leur bonheur. Comme tu dois être triste si tu penses ainsi. Apprends à t'aimer toi-même et à préserver ton amour-propre avant tout. Ne laisse jamais ton conjoint devenir le pilier de ta vie. Ta relation amoureuse est un complément à ta vie et ne doit en aucun cas devenir ta seule raison de vivre.

Il est trop facile de te laisser complètement absorber par ta relation amoureuse au point de t'oublier toi-même littéralement, de perdre ton identité personnelle et même ta confiance en toi-même. Trop de gens souffrent intérieurement de n'avoir jamais appris à s'aimer eux-mêmes avant d'aimer autrui. Ils deviennent si dépendants de leurs conjoints qu'ils seraient prêts à endurer des injustices terribles simplement pour ne pas se retrouver seuls.

Une personne qui ne s'aime pas éprouve beaucoup de difficultés à vivre des moments de solitude. Elle ressent un tel vide intérieur qu'elle cherche à le combler à tout prix, et cela même si elle s'enlise dans des relations intolérables. Ce qui lui importe plus que tout, c'est de ne pas se retrouver délaissée, aux prises avec sa solitude. Sa soif d'être aimée la porte à poser certains gestes et à accepter toutes sortes de tourments incroyables, allant même à l'encontre de sa propre volonté, pourvu qu'elle ne se retrouve pas en proie à vivre l'obsession de son vide intérieur.

Pour ma part, c'est à l'âge de 27 ans que j'ai finalement compris qu'il fallait être digne d'amour pour vivre une relation saine et épanouie. L'amour de soi est primordial pour assurer une relation dont le but est de vivre et laisser vivre, une relation basée sur le respect et l'harmonie. On l'a dit souvent et ça demeure vrai: «Tu ne peux offrir aux autres ce que tu ne possèdes pas déjà en toi-même». Mais cet amour de soi, ce sentiment ultime de ta valeur personnelle, peut se développer. C'est cette noble émotion qui entraîne le respect de soi.

T'aimer toi-même, c'est croire en toi avec sincérité. Tu y arrives en te découvrant, en te disciplinant, en te pardonnant et en t'acceptant tel que tu es, avec ton passé et tes défauts. L'amour de soi, c'est ressentir une confiance inébranlable en toi et être fier de ce que tu représentes aujourd'hui. L'amour de soi, c'est être capable de te regarder dans le miroir et de te dire: *«Je m'aime.»* L'amour de soi te transforme au point où tu es si épanoui et si confiant que ton attitude évite toute possibilité de jalousie et de manipulation dans ta relation de couple.

L'amour de soi facilite non seulement l'harmonie au cours de ta relation amoureuse, mais aide aussi à sauvegarder cette harmonie si tu es amené à vivre une rupture d'un commun accord ou par décision personnelle de l'un de vous deux. L'amour n'est pas un besoin mais un choix.

L'amour de soi te permet de choisir justement la personne dont le caractère est compatible avec le tien, selon tes critères et tes besoins ; car par amour pour toi-même, tu peux bien te permettre certaines exigences, quitte à passer parfois pour quelqu'un de difficile à satisfaire.

Il est toujours plus facile d'être en amour et de vivre une relation avec une personne qui s'aime elle-même, car cela se traduit dans son humeur et sa joie de vivre qui sont beaucoup plus agréables. De plus, une personne qui s'aime est vraie et authentique, ce qui rend la relation franche et sécurisante dans les moindres détails.

Si tu veux améliorer ta relation de couple, vois d'abord à être meilleur pour toi-même. Bien sûr, ta relation amoureuse en bénéficiera mais cela sera extrêmement bienfaisant aussi pour toi par surcroît. L'amour de soi est selon moi un des plus beaux cadeaux que tu puisses t'offrir à toi-même. Lors de mes conférences, j'ai été à même d'observer des milliers de gens dont les vies se sont métamorphosées dès l'instant où ils ont commencé à s'aimer.

Je te suggère donc ici d'énumérer 10 comportements ou défauts que tu pourrais modifier afin de t'aimer davantage. Engage-toi à faire les démarches qu'il faut pour te transformer par amour pour toi-même.

LES TEMPÉRAMENTS CONFLICTUELS

J'entends souvent des couples me dire qu'ils se dispu-
tent continuellement pour des riens parce qu'il y a
entre eux un conflit de personnalités. Je crois plutôt que
ce qui pose problème dans ce cas-ci, c'est bien plus le
choc de leurs tempéraments opposés que leurs personnalités propres. Le tempérament est inné et te collera à la
peau toute ta vie durant. Et comme on ne va pas contre
sa nature, et qu'il fait partie de ta personnalité, j'aimerais
t'expliquer les caractéristiques des quatre différents
tempéraments possibles.

À la lumière des informations bien sommaires que
je te propose, j'en conviens, je te suggère de vérifier quel
est ton tempérament. Bien sûr, tu peux te retrouver un
peu dans chacun des tempéraments, mais il y a quand
même toujours des facteurs dominants en toi qui contribuent à le préciser davantage. Je te suggère d'essayer de
découvrir de quel tempérament tu es pour ensuite voir
lequel s'y oppose le plus en termes de réactions. Le but
de cet exercice est de chercher à savoir si ton conjoint a
un tempérament qui diffère du tien, ce qui expliquerait
finalement pourquoi vous vous laissez emporter dans
plusieurs querelles inutiles, alors qu'il suffirait simplement de comprendre vos différences et de vous ajuster.

Le tempérament sanguin: est propre aux personnes optimistes, joviales, extraverties et dotées d'un bon sens de l'humour. Le sanguin est enjoué et débordant de vie. Il est enthousiaste, expressif et vit dans le présent. Il rallie tout le monde à sa cause, ne garde jamais rancune et on ne s'ennuie jamais en sa compagnie.

Le tempérament colérique: est aussi un extraverti au caractère fort, dominant, parfois agressif, qui n'a pas peur des défis, dégage de l'assurance, qui aime quand les choses bougent et n'a pas froid aux yeux. Comme c'est un être déterminé et décisif, le fait d'entendre quelqu'un lui dire: «Tu n'es pas capable!» le motive à réagir encore plus. Et il ne se décourage pas facilement.

Le tempérament mélancolique: le mélancolique est un être pessimiste de nature. Il est très sensible, profond, passionné en amour, fidèle en amitié, et il aime exprimer sa peine. C'est un introverti à l'esprit sérieux et analytique, mais il est aussi prêt à se sacrifier. Il s'émerveille des petits détails de la vie, est attentif aux autres, apprécie les arts et la musique qui l'aide à réfléchir.

Le tempérament flegmatique: est également un être introverti et pessimiste de nature, il est discret, lent à agir et à réagir. Il dégage un tel calme qu'on a l'impression parfois qu'il est paresseux, même si c'est loin d'être le cas. Le flegmatique est patient, équilibré, et ne laisse rien paraître de ses émotions. Il aime pratiquer le rêve éveillé.

Alors voici, si tu es un sanguin, le tempérament qui est le plus opposé au tien, c'est le mélancolique. Le sanguin étant jovial et optimiste ne peut endurer trop longtemps le mélancolique qui est trop sensible et qui semble s'en faire pour des bagatelles. Le mélancolique, lui, pense que le sanguin n'a pas de cœur, qu'il est insensible à sa peine et qu'il manque vraiment d'empathie.

Si tu es colérique, ton tempérament «contraire», si on peut dire, est le flegmatique. Comme le colérique est un être qui aime quand ça bouge, il se voit très mal en train d'attendre aussi souvent le flegmatique. En effet, le flegmatique, étant calme et relax, prend toujours beaucoup de temps à se préparer avant une sortie, ce qui peut rendre le colérique impatient et intolérant jusqu'à en être agressif. Le colérique peut aussi éprouver certaines tensions s'il est en amour avec un autre colérique, car deux comètes qui se rencontrent, ça peut parfois faire des flammèches. Et ce genre de lutte de pouvoir mène parfois à de la violence verbale.

Chose certaine, même si ton conjoint a un tempérament contraire au tien, il est toutefois possible que votre union soit très épanouie et harmonieuse. En approfondissant les caractéristiques de vos tempéraments respectifs, tu en arriveras à saisir pourquoi ton conjoint réagit de telle façon et ce qui le motive[*]. Ça fait partie de lui, alors tu pourras mieux comprendre ce qui vous distingue et l'apprécier davantage.

Pourquoi ne pas adopter cette même attitude dans tes rapports avec les autres? Lors de mes conférences, par exemple, à l'heure des repas, les anciens prisonniers discutent avec les policiers, les enfants qui on été abusés

---

[*]   L'ouvrage de 264 pages, *Personnalité plus: Comprendre les autres en se connaissant soi-même*, de Florence Littauer, publié en 1990 aux éditions Un monde différent, t'aidera à faire vraiment la lumière sur ce sujet important pour ta vie de couple.

sexuellement parlent parfois à des «abuseurs», les ho-
mosexuels exposent ouvertement leur attirance, et plusieurs revendeurs de drogues échangent avec leur ancien
policier enquêteur, c'est-à-dire moi.

Comme tu peux le voir, dans la vie, il est plus facile
de respecter l'autre quand on accepte nos différences.
Oui, nous sommes tous différents, mais ce qui ne change
pas cependant c'est qu'on est tous des êtres humains.

QUESTIONS À TE POSER
SUR TA RELATION AMOUREUSE

*L*e questionnaire suivant a pour but de te faire réfléchir aux sentis de ton cœur par rapport à ta relation présente ou passée. Tes réponses devraient tenir compte des émotions qui surgissent à chacune des questions et elles devraient même motiver tes réponses. Prends le temps de ressentir ce que ton cœur a à dire avant de répondre et identifie bien l'émotion qui monte en toi. Il est primordial de reconnaître les blessures et les lacunes intérieures qui t'habitent pour pouvoir y remédier.

Cet examen minutieux peut être fait avec ton conjoint afin que vous puissiez discuter de vos réponses ensemble. Dans l'éventualité où tes réponses causent des déceptions ou provoquent des querelles entre vous, essaie de garder ton sang-froid. L'important, c'est avant tout de permettre à ton cœur de reconnaître sa vérité.

1. Es-tu heureux dans ta relation?

2. As-tu une relation axée sur le «vivre et laisser vivre»?

3. Est-ce qu'une certaine fierté t'habite en pensant à ta relation amoureuse?

4. Ta relation exprime-t-elle un équilibre ou un déséquilibre dans ta vie?

5. Est-ce que ta relation amoureuse est une priorité dans ta vie?

6. T'aimes-tu toi-même avant de vouloir aimer autrui?

7. Est-ce que la peur de la solitude est un facteur qui te pousse à continuer cette relation?

8. Est-ce que ton conjoint te stimule intellectuellement et sexuellement?

9. Avez-vous des buts communs?

10. Avez-vous une bonne communication?

11. Vous respectez-vous mutuellement?

12. Crois-tu que ta relation est appelée à durer à long terme?

13. Entretiens-tu une belle amitié avec ton conjoint?

14. Est-ce que ta relation représente un poids ou est-elle plutôt un complément à ta vie?

15. Est-ce que la simple présence de ton conjoint te comble d'affection?

16. Éprouves-tu de la haine actuellement pour ton conjoint?

17. Veux-tu sincèrement rester engagé dans cette relation?

18. Avez-vous une forte complicité et le sens de l'humour?

19. Votre relation est-elle encore romantique?

20. Ressentez-vous du plaisir à faire des loisirs ensemble?

21. Nourris-tu certaines peurs relationnelles (peurs d'infidélité, de violence, de malhonnêteté, d'abandon, d'attachement)?

22. Est-ce que la jalousie est présente dans votre relation?

23. Te sens-tu apprécié par ton conjoint?

24. Préfères-tu te trouver à ton lieu de travail plutôt que d'être avec ton conjoint?

25. Peux-tu énumérer cinq éléments qui t'incitent à poursuivre cette relation?

26. C'est le plus souvent dans les gestes qu'on ressent l'amour. Écris cinq gestes ou actions que ton conjoint a posés pour toi dernièrement?

27. Maintenant, décris cinq actions que tu as accomplies pour ton conjoint dernièrement?

J'espère que ce simple questionnaire a suscité une réflexion intéressante et approfondie sur ta relation amoureuse actuelle ou passée. Après y avoir répondu, veux-tu toujours consacrer du temps à cette relation? Et si oui, que pourriez-vous faire tous deux pour vous épanouir davantage dans ce lien privilégié qui vous tient à cœur? Il faut du temps pour aimer et pour se retrouver pleinement.

VIS-TU UNE DÉPENDANCE AFFECTIVE?

La dépendance affective est un problème très courant de nos jours. Tant de gens se cherchent et souffrent en silence sans savoir d'où vient leur déséquilibre intérieur. Et pourtant, quand on y réfléchit bien, de voir le fléau engendré par des relations amoureuses toxiques et le taux élevé de divorces, voilà sûrement des preuves irréfutables que ce problème mérite d'être traité davantage, et même dans nos écoles.

On peut reconnaître un dépendant affectif par certains des comportements destructeurs que je vais énumérer ici afin de te permettre de voir si, toi aussi, tu vis ce problème de dépendance affective dans ta vie amoureuse.

Un dépendant affectif ressent un tel vide intérieur au fond de lui qu'il a toujours besoin d'être en relation avec quelqu'un pour se sentir aimé, et ce, peu importe la qualité de cette relation. De plus, il lui arrive fréquemment de «forcer» l'attachement des autres afin de répondre à ce besoin d'amour constant. Cela explique entre autres pourquoi certaines personnes acceptent de rester dans une relation malsaine pendant tant d'années – même en étant dévalorisées et contrôlées – car leur peur d'être seules est parfois plus grande que leur amour-propre et leur confiance de pouvoir s'en sortir par elles-mêmes. D'ailleurs, un dépendant affectif est plus agréable à vivre au début d'une relation. Ensuite, son comportement peut empirer dès qu'il sent que l'autre lui est lié par les sentiments.

S'il est célibataire, le dépendant affectif éprouve aussi de la difficulté à apprivoiser sa solitude car il ne s'aime pas assez lui-même et son manque d'amour-propre ne peut pas alors le satisfaire. C'est souvent la raison pourquoi un dépendant affectif va sortir d'une relation toxique pour aussitôt retomber dans une autre tout aussi toxique peu de temps après. Un dépendant affectif peut même être jaloux au point de décider de l'habillement de son conjoint et de l'empêcher d'avoir ses propres amis, car il considère son épanouissement personnel comme une menace à sa propre relation de couple.

En fait, le dépendant affectif entretient plusieurs peurs, mais la peur d'être abandonné est certainement la plus grande. Les dépendants affectifs sont des gens qui ont manqué d'amour au cours de leur tendre enfance. Ils ont grandi la plupart du temps, soit avec un parent alcoolique, ou du moins avec un être peu affectueux, violent ou même absent. C'est pourquoi ils ressentent le besoin de toujours combler ce vide intérieur venant de leur enfance par une présence humaine, même si cette présence n'est pas saine pour eux.

Après plus d'un millier de conférences, je n'ai jamais rencontré de couples parfaits... Je crois que peu importent les problèmes qui surviennent dans une relation, il est toujours possible de l'améliorer si les deux partenaires le désirent vraiment.

Il y a donc de l'espoir pour les dépendants affectifs. Je te propose dans ces pages des trucs pour mieux te comprendre et t'en sortir.

TEST SUR LA DÉPENDANCE AFFECTIVE

Dans mon premier livre *La Renaissance: Retrouver l'équilibre intérieur*, je parlais du profil des dépendants affectifs qui ont un besoin «maladif» des autres et qu'il est important de comprendre la source de ce mal pour pouvoir en guérir.

Voici donc un test en 25 questions qui te permettra de vérifier si tu fais partie de cette catégorie de gens. Réponds à chacune par oui ou par non en entourant ta réponse.

1. A-tu déjà eu de la difficulté à quitter un amour?   Oui   Non

2. Quand tu l'as quitté, cherches-tu quelqu'un d'autre tout de suite?   Oui   Non

3. As-tu toujours besoin d'avoir quelqu'un dans ta vie pour te sentir aimé?   Oui   Non

4. As-tu déjà été jaloux d'un partenaire?   Oui   Non

5. As-tu déjà quitté un amoureux pour quelqu'un d'autre?   Oui   Non

6. As-tu déjà triché ton amoureux?   Oui   Non

7. As-tu déjà couché avec quelqu'un que tu n'aimais pas?   Oui   Non

8. As-tu de la difficulté avec la solitude?   Oui   Non

9. Est-ce que tu manipules et/ou contrôles l'autre?   Oui   Non

10. Quand tu trouves un nouvel amoureux, oublies-tu tes amis?   Oui   Non

11. As-tu déjà consommé plus ou moins de nourriture suite à une peine d'amour?   Oui   Non

12. Te considères-tu comme quelqu'un qui devient vite amoureux?   Oui   Non

13. As-tu déjà eu des pensées suicidaires suite à une peine d'amour?   Oui   Non

14. T'es-tu déjà laissé contrôler par la jalousie d'un partenaire?   Oui   Non

15. Es-tu déjà resté dans une relation par habitude et non par amour?   Oui   Non

16. As-tu peur de l'attachement ou de l'abandon?   Oui   Non

17. As-tu déjà ressenti un coup de foudre?   Oui   Non

18. As-tu tendance à fuir devant les difficultés de la vie?   Oui   Non

19. Éprouves-tu le besoin de te faire aimer par tous?   Oui   Non

20. Te sens-tu souvent responsable des autres en t'oubliant?   Oui   Non

21. Te sens-tu coupable lorsque tu prends ta place?   Oui   Non

22. Crains-tu le rejet?   Oui   Non

23. As-tu perdu la capacité de ressentir ou d'exprimer tes émotions?   Oui   Non

24. As-tu déjà dit «je t'aime» à quelqu'un juste pour l'entendre en retour?   Oui   Non

25. As-tu peur d'aimer?   Oui   Non

Total des OUI: —————

Explications du test sur la dépendance affective

Une fois que tu as répondu à toutes ces questions, additionne le nombre de OUI et prends connaissance des résultats. Si tu as répondu trois OUI et plus, tu es définitivement dépendant affectif. Si tu réponds à cinq OUI et plus, tu es un dépendant affectif chronique. Plus tu as de OUI dans tes réponses, plus tu as manqué d'amour, probablement au moment de ton enfance.

Prends conscience qu'un dépendant affectif peut éprouver plusieurs craintes par rapport à l'amour des autres: peur du rejet, de l'abandon, de l'attachement, car pour lui, l'amour est associé à une blessure ou à un vide intérieur.

Personnellement, j'avais développé un comportement de fuite suite à mes blessures amoureuses. Je recherchais une «femme avec qui j'étais compatible, une femme belle intérieurement et extérieurement, avec le sens de l'humour, une amie». Lorsque je la trouvais et que je ressentais de l'amour pour elle, je partais en courant, je fuyais toute possibilité d'entretenir cette belle relation. Pour moi, toute forme d'amour représentait une souffrance éventuelle.

Si tu crois être un dépendant affectif, apprends à faire grandir cet amour et à rétablir une relation saine dans ta vie de couple. Il faut vraiment vivre et laisser vivre ton partenaire dans un climat de confiance.

Il y a de l'espoir pour les dépendants affectifs, il s'agit d'apprendre à t'aimer toi-même avant d'aimer autrui et de comprendre que l'amour est un choix et non un besoin.

TU VIS UNE DÉPENDANCE AFFECTIVE ET C'EST LA RUPTURE

La dépendance affective est selon moi un malaise qui fait souffrir énormément de gens et ajoute à leurs blessures amoureuses. Elle est aussi la cause de plusieurs dépressions, de dépendances à l'alcool et aux drogues, et entraîne comme résultats désastreux des milliers de suicides et de meurtres par année. Quand j'étais policier, j'ai constaté que plusieurs suicides étaient reliés au fait que la victime était incapable d'apprivoiser sa solitude suite à une rupture. Oui, c'est normal d'éprouver des émotions déchirantes, mais il ne faut surtout pas oublier que c'est la fin de ta relation et non de ta vie.

Personnellement, j'ai vécu récemment une rupture amoureuse et j'ai mis en pratique ce que je te propose ici. Je peux t'assurer qu'avec un peu de patience, et si tu es vraiment déterminé à t'en sortir, tu te sentiras bientôt beaucoup mieux dans ton cœur et plus serein dans tes pensées.

Si tu souffres actuellement d'une peine d'amour, voici quelques petits conseils pour t'aider:

Écris une lettre à ton ex-conjoint et libère tes émotions de colère, de tristesse et de déception par rapport à cette rupture. Ne lui remets pas cette lettre, lis-la plutôt pour toi-même à voix haute, puis brûle-la en signe de lâcher prise. Refais le même manège pendant 21 jours, sans manquer une seule journée, et ce, même si tu te sens mieux. Cet exercice t'amènera à un certain détachement émotionnel, car la haine peut lier deux personnes aussi fort que l'amour, à une différence près cependant: la haine détruit toujours ton amour-propre au lieu de le bâtir.

Ensuite, écris une lettre positive à ton ex-conjoint en lui souhaitant de bonnes choses car selon la loi du retour: «Tu récoltes ce que tu sèmes.» Je sais que ça peut être difficile de lui souhaiter de l'amour car tu es blessé, mais pour délivrer ton cœur de cette haine et retrouver la paix intérieure, il faudra bien que tu y arrives un jour ou l'autre. Plus tôt tu le feras, plus vite tu retrouveras ton équilibre intérieur.

Je te suggère également d'en parler avec quelqu'un en qui tu as pleinement confiance et de ne pas retenir tes larmes. Au début, tu chercheras à t'entourer pour ne pas te sentir délaissé, mais petit à petit, je te suggère de passer du temps seul avec toi-même pour apprendre à te connaître davantage, à découvrir tes forces et tes faiblesses et pour rehausser ton estime personnelle au jour le jour. Tu as droit au bonheur. Il te faut absolument être bien avec toi-même avant de vivre une autre relation amoureuse. Guéris d'abord ta blessure avant de passer à autre chose. Si tu as besoin d'apaiser toutes ces pensées qui te hantent sans cesse, je te conseille d'entrer dans une église et d'écouter ce qui se passe en toi. La spiritualité et le silence sont toujours recommandés quand notre âme est troublée. Il faut parfois faire taire les vagues de son cœur pour comprendre sincèrement la source de ses blessures.

En dernier lieu, élimine tous les déclencheurs de souvenirs de cette relation, comme les photos et les cadeaux reçus, par exemple. Si tu ne veux pas t'en départir ou les jeter, alors fais-les du moins disparaître de ta vue, car tes yeux sont liés à tes émotions. Si tu n'es pas prêt à le faire, demande-toi pourquoi et tu verras que tu ne cherches pas vraiment à t'aider. Veux-tu réellement couper avec ce passé et avancer? Un participant m'expliquait être sorti d'une peine d'amour suite à mes exercices d'écriture. Il me disait aussi qu'il se sentait capable d'aimer à nouveau et qu'il pourrait se guérir lui-même désormais s'il était blessé encore une fois. Il n'a plus peur d'aimer.

Dans la vie, se tromper de chemin nous permet parfois d'en découvrir de meilleurs.

LA SOLITUDE

Autant la solitude peut parfois être une prison étouffante et blessante, autant elle te convie à palper un état d'être des plus bienfaisants, celui de la paix intérieure. J'ai rencontré tellement de gens qui, à la suite d'une rupture amoureuse, ressentaient ce grand vide intérieur qui les empêchait de fonctionner dans plusieurs domaines de leur vie. Dans de tels cas, je leur disais qu'avant tout ce n'était pas l'autre qu'ils avaient perdu, mais bien eux-mêmes.

Cette solitude qui dévore de l'intérieur, et qui enlève souvent même le goût d'exister, force malheureusement des gens à endurer des relations pénibles justement pour ne pas se retrouver seuls. Cette peur de la solitude est tellement répandue aujourd'hui que des milliers d'agences de rencontres pour célibataires ont vu le jour. Mais au lieu de vouloir à tout prix te lancer dans une autre relation pour ne pas être seul, il te faudrait plutôt comprendre que, tout comme on ne peut jamais se débarrasser de sa peur des araignées sans apprivoiser cette peur, tu ne peux apprendre à te libérer de ta solitude simplement en consultant un livre, en la révélant ou en te fiant à l'expérience des autres. Ta solitude peut être une compagne sans pitié, mais elle doit elle aussi être apprivoisée, et la seule façon d'y parvenir, c'est d'aller au bout de ta souffrance.

En ce qui me concerne, j'ai fait ma rencontre la plus rude avec la solitude à l'âge de 27 ans après une rupture amoureuse particulièrement insupportable. À cette époque, j'ai tenté de fuir ma souffrance à travers plusieurs sorties, plusieurs femmes et beaucoup d'alcool. J'ai bien dû me rendre à l'évidence que j'avais un sérieux problème à vivre ma solitude quand je me suis mis à nourrir des pensées suicidaires pour éviter d'endurer plus longtemps cette détresse que je croyais inhumaine. Je me disais: *«Si la vie veut jouer dur avec moi, alors je vais jouer dur avec la vie moi aussi.»* J'étais tellement conscient de toute la souffrance et de tout ce mal que je devrais encore éprouver pour pouvoir enfin me libérer de cette emprise psychologique et émotionnelle que j'avais l'impression de ne jamais pouvoir y arriver un jour.

Et pourtant, un bon samedi soir, j'ai décidé de m'engager à passer la soirée seul avec moi-même et de vivre pleinement ma solitude afin de m'en sortir. Ouf! Je ferme la télé et je débranche le téléphone afin d'être totalement seul et prêt à souffrir en silence, comme pour mieux me comprendre. Je me sentais comme si j'étais égaré dans le désert, complètement isolé, mon cœur tremblait et j'avais l'impression que personne ne m'aimait.

Puis soudain, j'ai peur. Je me sens mort et je m'ennuie comme un enfant qui a perdu sa mère. J'ai du mal à rester en place. Je pense à m'échapper de la maison pour aller danser et m'amuser, mais mon désir d'affronter ma solitude est plus fort que cette tentation. Je décide de prendre un bain pour me changer les idées. Assis dans le bain, mon imagination me ramène à certains épisodes de mon enfance. Je rumine, mon cœur est glacé, l'angoisse se met de la partie. Je vois à quel point je manque d'amour pour moi-même et j'en ai honte. Je me sens seul au monde. J'ai le goût de crier ma peine. Je sens un ouragan intérieur qui se déchaîne en moi. Je perçois cet enfant terrifié dans un corps d'adulte. Je revois mon père et je me demande pourquoi il ne m'a jamais dit: «Je t'aime, mon petit Marc».

Je fonds alors en larmes et je me vide le cœur de toute cette sécheresse de sentiments, tant et si bien que 27 ans de larmes ont coulé comme un torrent dans mon bain ce soir-là. Après cette tempête d'émotions, c'est le calme total qui s'installe. Trente minutes plus tard, toujours installé dans mon bain, dont l'eau est froide désormais, je vois enfin poindre à l'horizon une petite lueur de fierté pour moi-même. Je reprends espoir et je réussis même à vivre pleinement ma solitude pendant plusieurs mois afin de me désintoxiquer de cette peur d'être seul.

De temps à autre, les blessures émotives ont besoin de retraite pour bien se cicatriser. Je pouvais être fier de moi car j'avais réussi à quitter une relation qui m'était toxique pour me choisir moi-même et apprendre à m'aimer avant d'aimer autrui. J'ai constaté par le fait même que j'étais un être qui avait du courage et je ne l'ai jamais oublié. Au bout du compte, je me suis retrouvé, et depuis, ma vie a changé. À présent, j'apprécie tellement les petits moments où je suis seul que je les recherche comme pour m'en faire cadeau. Oui, vaincre sa solitude est possible quand on le désire vraiment. «C'est dans les nuits les plus noires que l'on voit les plus belles étoiles.»

LA SÉDUCTION,
ÇA PASSE PAR TON REGARD

À mon avis, c'est grâce aux yeux qu'on peut plus facilement séduire et se laisser séduire. En effet, le regard est sûrement l'outil de séduction sans pareil qui opère le plus de charme chez l'être humain et entraîne souvent la naissance d'une véritable histoire d'amour. En effet, les rapports amoureux ou même une communication sexuelle peuvent se transmettre en quelques secondes par un simple regard.

D'ailleurs, ce genre d'attrait séduisant provoque et déstabilise l'autre, tant et si bien qu'il lui donne même l'illusion d'aimer ou d'être aimé, alors qu'il éprouve au fond un désir sexuel plus ou moins intense selon l'emprise de cette séduction. C'est ce qu'on appelle plus communément le coup de foudre. Mais attention, tu dois comprendre que tu ne peux pas aimer une personne que tu ne connais pas. Pour t'aider à mieux concevoir comment tu peux séduire ou être séduit par quelqu'un, voici certaines caractéristiques propres aux gens séduisants:

- ils sont romantiques, sans être trop fleur bleue;
- ils accordent à l'autre une écoute attentive;
- ils ont une façon charmante de s'exprimer;

- ils possèdent un bon sens de l'humour;
- ils préfèrent un timbre de voix doux et apaisant;
- ils sont conscients de leur charme et l'exercent avec naturel;
- ils privilégient une apparence attirante;
- ils respectent le désir de l'autre et savent que la patience est un atout;
- ils sentent quand un contact physique devient approprié.

En règle générale, c'est d'abord la femme qui décide et effectue le premier contact physique. Ce premier effleurement se manifeste la plupart du temps par un léger toucher à l'épaule, au bras ou à la main. Tu peux avoir l'impression que ce geste est très spontané, mais il est le plus souvent tout à fait intentionnel. Ce premier attouchement, même léger, contribue à faciliter le rapprochement entre vous.

De plus, je te suggère d'écouter et de bien observer quand ton conjoint te dit qu'il aime bien tes cheveux coiffés d'une telle manière ou une certaine pièce de vêtement qu'il adore te voir porter. Si tu sais ce qu'il aime, alors il te sera plus facile de le séduire. Il est beau de voir un couple en amour se séduire mutuellement tout en restant toujours décontractés et naturels. Prenons par exemple le conjoint qui décide de préparer le repas favori de sa femme, de se vêtir de manière à lui plaire en créant toute une ambiance chaleureuse simplement pour lui faire plaisir.

Cependant, il ne faut pas oublier qu'il peut y avoir aussi une forme de séduction plus «malsaine», où certaines personnes ont besoin d'exercer un attrait irrésistible par leurs yeux ou leurs gestes, pour attirer l'attention et se faire remarquer. Dans ce cas-ci, on constate habituellement que ces gens ont une soif d'attention démesurée en raison de leur manque d'estime d'eux-mêmes et qu'ils ont besoin de savoir qu'ils peuvent encore conquérir une autre personne dans le seul but de flatter leur ego malade. De telles personnes se sentiront obligées d'utiliser tant de gestes et de mots pour séduire l'autre que leurs flatteries et leurs commentaires, parfois à connotation sexuelle, iront justement à l'encontre du résultat souhaité.

On rencontre d'ailleurs fréquemment ce genre de comportements dans les discothèques où les gens y arrivent bien habillés et sexy pour se faire remarquer, se pavanent devant tout le monde, et dansent en faisant même ouvertement certains gestes de nature sexuelle pour bien attirer l'attention. On retrouve ce type de manèges de séduction souvent chez des gens qui manquent d'estime d'eux-mêmes, et c'est parfois même inconscient, tant il le faut nourrir leur soif d'attention constante.

Je te suggère de conserver tes moyens de séduction et tes yeux doux exclusivement pour la personne qui partage ta vie, et ce, par respect et par amour pour ta vie de couple. L'infidélité est souvent précédée de jeux de séduction qui finissent par briser et meurtrir de belles relations amoureuses.

QUEL EST TON DEGRÉ D'ENGAGEMENT RELATIONNEL ENVERS TON CONJOINT?

Au tout début d'une relation, il est tout à fait normal que ton partenaire se sente quelque peu menacé quand tu amènes comme sujet de discussion l'engagement relationnel. Cela l'embête car, comme plusieurs autres, il associe l'engagement à une perte de liberté et d'autonomie* qui peut aller jusqu'à créer un sentiment de malaise ou d'étouffement chez certaines personnes. D'ailleurs, si on gratte un peu sous la surface, cachée derrière cette peur de l'engagement, on découvre souvent une autre peur tout aussi réelle, celle de l'abandon ou de se sentir dans l'obligation de prendre ses responsabilités.

Parfois, on remarque chez les gens qui ont vécu déjà une blessure pénible en amour qu'ils s'empressent de saboter leur relation amoureuse sitôt le temps venu de s'y investir plus profondément. Le fait d'offrir l'exclusivité affective, amoureuse et sexuelle à leur partenaire est

---

* Pour nourrir davantage ta réflexion, je te propose de lire *Les Chemins de la liberté*, dont l'auteur est Hervé Blondon, publié aux éditions Un monde différent Saint-Hubert, 2002, 206 pages.

parfois perçu pour eux comme une perte et non un gain. Même s'ils agissent comme s'ils étaient à la recherche de leur âme sœur, ils sont bel et bien au fond des célibataires non disponibles. Envisage avant tout ce que tu attends d'une relation, puis engage-toi à ne pas te contenter de moins.

De nos jours, l'engagement relationnel envers quelqu'un dure rarement toute une vie. Par conséquent, on agit tels des consommateurs avertis et il nous est parfois plus facile de traiter nos partenaires de la même façon que l'on consomme: si ça ne marche pas, on le retourne et on réclame un remboursement. En vérité, il nous apparaît plus simple de recommencer ailleurs. Pourtant, changer de partenaire ne nous rend pas toujours plus heureux et on reproduit souvent avec le nouveau ce qui n'a pas été résolu dans l'union précédente. On se retrouve alors au même point.

Il n'existe malheureusement pas de manuel d'instructions pour expliquer aux conjoints comment un couple équilibré et harmonieux fonctionne, ni de recette non plus qui dicte comment on doit se comporter pour être comblés dans notre vie de couple. Cependant, les recherches dans le domaine ont démontré qu'un engagement sincère et vrai entre deux conjoints contribue à préserver une union saine et durable.

Bien sûr, on ne parle pas ici d'engagement plutôt superficiel, où l'on ne partage presque rien, ni au contraire d'une fusion quasi suffocante, où l'on partage tout totalement mais où l'on s'épie constamment sans laisser à l'autre de liberté individuelle. Il est évident qu'il faut trouver un équilibre entre ces deux extrêmes: il doit y avoir un degré d'engagement suffisamment authentique dans ta relation pour que ton partenaire se sente également libre de fonctionner sans toi et sans brimer pour autant l'épanouissement de votre couple.

Être en couple de nos jours demande parfois d'aller à contre-courant. Il faut de la patience, du temps, de l'écoute, du partage, de la délicatesse, et beaucoup d'humilité pour tisser un lien solide et entretenir l'amour au quotidien. Quand tu t'engages envers quelqu'un, tu ne déguerpis pas en prenant tes jambes à ton cou à la première querelle qui éclate. Et qu'on se le dise, aucun sentiment humain n'est assez puissant pour entretenir une relation sans effort et sans volonté! S'engager, c'est s'investir pour avancer ensemble et se réaliser dans une union que l'on souhaite préserver.

Je te souhaite une union profonde et satisfaisante – autant sur le plan émotionnel, spirituel que physique – et un engagement mutuel clair et précis qui est en somme plus fort qu'une simple décision.

LE
VIVRE

LE POUVOIR DES MOTS

Comme tu ne peux rattraper les paroles que tu as laissées échapper, alors il t'est toujours préférable de réfléchir avant de parler. Ainsi, dans les conflits de couples où les émotions sont à fleur de peau, je te suggère de t'attarder au proverbe très connu qui dit: «Il faut tourner sept fois sa langue dans sa bouche avant de parler» et d'y penser trois fois plutôt qu'une avant de t'exprimer à tort et à travers. C'est parfois le meilleur moyen de ne pas dire n'importe quoi sous le coup de la colère et d'éviter de blesser ton conjoint en lui lançant des injures. Dans certains cas, le silence vaut pleinement son pesant d'or, car trop souvent tes mots peuvent laisser des cicatrices émotionnelles irréparables, et ce, même si tu demandes pardon.

D'ailleurs, l'une des causes primordiales reliées au manque d'estime de soi dans les relations de couples toxiques est la dévalorisation personnelle. C'est pourquoi tes paroles négatives et méchantes que tu décoches à quelqu'un pour te défouler et pour donner libre cours à ta frustration peuvent très bien le paralyser, le laissant avec ses peurs. Tes insultes peuvent aussi l'abaisser car dans ton emportement tu l'as comparé à un autre que tu considères beaucoup mieux – ou encore le décourager en lui enlevant tout espoir. En sachant quelle puissante influence tes mots exercent sur les gens, décide dès maintenant de ne les utiliser que pour leur bien, pour leur remonter le moral, ou pour leur procurer un sentiment d'importance et d'amour. Sois une personne qui encourage ton conjoint et ton entourage à se dépasser.

Voici d'ailleurs une petite histoire pour stimuler ta réflexion:

Plusieurs grenouilles traversaient ensemble une forêt quand deux d'entre elles furent distraites et tombèrent dans un puits. Aussitôt les autres grenouilles s'empressèrent de se rassembler autour du puits et, constatant à quel point il était profond, dirent aux deux infortunées qu'elles n'en sortiraient jamais vivantes.

Toutefois, les deux pauvres grenouilles – trop occupées qu'elles étaient à essayer de grimper hors du puits à tout prix – n'entendirent pas ces commentaires décourageants. Mais comme leurs compagnes ne cessaient de leur crier qu'elles étaient perdues, alors qu'elles s'efforçaient désespérément de sortir du trou, l'une des grenouilles admit finalement à bout de souffle que ses camarades avaient raison et elle abandonna la partie. Elle tomba donc au fond du puits et mourut.

Pourtant, l'autre grenouille tenace s'entêta et redoubla d'efforts, même si les autres grenouilles lui hurlaient d'arrêter de se torturer en s'infligeant d'inutiles souffrances, l'incitant à lâcher prise et à mourir en paix. Notre grenouille continuait de se démener de plus en plus, et finalement, elle parvint à sortir du puits.

Quelle ne fut pas la stupéfaction de ses semblables de voir la grenouille intrépide s'en sortir victorieuse. Qu'est-ce qui avait bien pu la pousser à grimper envers et contre toutes, alors que ses pairs cherchaient tant à l'en dissuader? Pourquoi avait-elle persisté à se hisser malgré tout hors du trou? Eh bien voilà, la grenouille était sourde et elle croyait que les autres l'encourageaient sans arrêt. Jamais, au grand jamais, elle n'aurait voulu les décevoir!

Un mot d'encouragement peut sauver quelqu'un qui est par terre, un mot destructeur peut l'achever. Est-ce que tes paroles t'aident à bâtir ton couple ou à le détruire?

L'AMITIÉ PRÉSERVE L'AMOUR

Si je te demandais de me dire qui est ton meilleur ami aujourd'hui, la réponse que j'aimerais entendre serait le nom de ton conjoint. C'est grâce à l'amitié que ta relation amoureuse peut grandir, évoluer et durer, car elle ne se réduit pas alors seulement à l'attrait sentimental, physique ou sexuel. Il est tellement primordial de cultiver une bonne amitié relationnelle afin de pouvoir surmonter ensemble les obstacles que la vie met sur notre chemin. Une belle amitié dans un couple crée une belle équipe. L'amour sain débute toujours par une amitié qui s'enflamme et progresse vers l'amour.

Quand vous cultivez une profonde amitié, il est toujours plus facile de se soucier des goûts, des activités et des petits plaisirs de la vie qui enchantent ton conjoint. Il est toujours plus passionnant aussi de se parler, car on s'intéresse mutuellement aux idées, aux opinions, et à l'évolution personnelle de chacun. Une relation d'amour sans amitié ne dure jamais tellement longtemps. Une fois que l'amour romantique et le désir sexuel diminuent, ce manque d'amitié se transforme inévitablement en un désintérêt pour la relation elle-même.

On me demande souvent: «Pourquoi l'amitié est-elle si importante pour préserver une relation d'amour stable?» Tout simplement parce qu'un véritable ami t'écoute sans te juger, t'aime sans te posséder, te pardonne tout avec amour, et t'accepte tel que tu es, malgré tes défauts et ton passé.

Si un jour tu vis une rupture amoureuse et que ton conjoint se sert de menaces ou de comportements tout à fait déshonorants pour te blesser, alors ceci est la preuve que l'amitié laissait vraiment à désirer dans votre couple. Trop souvent d'ailleurs, dans les relations de dépendance affective, cette amitié s'avère superficielle. Même si ton amour est profond et inconditionnel, tu ne seras sans doute pas satisfait à long terme si ta relation amoureuse est dépourvue d'une franche camaraderie. Il est triste de voir des gens rigoler avec des rencontres passagères alors qu'ils sont incapables de s'accorder le même bien-être et de plaisanter de façon aussi décontractée avec leur propre conjoint.

Si tu vis actuellement une relation amoureuse problématique, concentre toutes tes énergies à raviver l'amitié que tu chérissais auparavant pour ton conjoint et remémore-toi les premiers moments où ton conjoint t'inspirait tant de respect et d'admiration que tu faisais tout pour garder ce sentiment bien vivant. Si cela peut vous aider, regardez quelques vieilles photos et remuez ensemble des souvenirs agréables de votre passé pour retrouver cet état d'esprit qui vous animait à cette époque.

Quand un couple me demande conseil pour stimuler et rétablir l'amitié entre eux, je leur suggère trois choses bien précises: «Communiquez, communiquez et communiquez!!!» Il arrive parfois qu'on ait laissé tomber les principes et les règles les plus élémentaires de l'amitié à cause de tensions ou de situations conflictuelles qui se sont manifestées dans le couple. Si tel est le cas, les conflits ou les comportements typiques qu'on observe à ce moment-là ont été déclenchés à la base par des questions d'infidélité ou d'indifférence envers son conjoint.

QUAND L'AMITIÉ ÉVOLUE
VERS L'AMOUR

L'amitié entre deux personnes est une relation vécue idéalement au jour le jour, fondée sur une grande complicité et une vive sympathie, et qu'une affinité de goûts et de loisirs communs unissent. Pouvoir compter sur un ami véritable à qui l'on peut tout dire sans jamais avoir peur d'être jugé est certainement l'un des plus beaux cadeaux qui soit pour assurer et soutenir ta croissance personnelle. Car l'amitié, grâce à ce partage intense d'émotions, à la confiance qui s'est créée et à l'authenticité qu'elle suppose, stimule l'épanouissement personnel de chacun. D'autre part, ce respect profond que deux êtres se vouent l'un à l'autre engendre une forme d'amour inconditionnel qui fait d'autant plus apprécier la relation d'amitié car elle l'élève à un autre niveau: elle l'ennoblit.

En fait, l'amitié sincère comporte plusieurs composantes similaires à l'amour qui sont nécessaires pour maintenir une relation de couple saine. Avec le temps, cette compréhension et cette écoute dont ton ami t'enveloppe déchaînent parfois quelques «caprices des hormones», si bien qu'une attirance mêlée de désir peut te jouer des tours. Ton cœur se laisse alors glisser dans ce

bien-être et tu te surprends alors à nourrir certaines attentes imprévues, espérant que cette relation amicale
évolue lentement mais sûrement vers une relation
amoureuse.

Mais voilà, aussitôt que la sexualité entre en jeu, la
relation d'amitié peut cependant en être tout à fait bou-
leversée et il est possible que cette amitié si solide au départ soit difficile à renouer après l'union charnelle. Une
fois que l'intimité sexuelle a été explorée – que cette relation ait été satisfaisante ou non – que peux-tu envisager
comme scénario et quelles sont les réactions possibles à
prévoir? En voici quelques-unes:

1.   Tu ressens de la peine et de la culpabilité d'avoir
     franchi cette ligne de démarcation parfois si mince
     entre l'amitié et l'amour.

2.   Ton partenaire ou tous deux, vous pouvez être indif-
     férents au fait que vous avez traversé cette ligne
     d'amitié qui vous séparait de l'amour et ne pas vous
     en faire outre mesure.

3.   L'un des deux amis se sent manipulé ou utilisé à des
     fins sexuelles.

4.   Vous vous engagez maintenant mutuellement et
     avec plaisir dans cette nouvelle relation amoureuse.

5.   Vous décidez de mettre fin temporairement ou pour
     de bon à toute relation entre vous afin d'amorcer
     chacun de votre côté une bonne réflexion sur le lien
     qui vous unit.

6.   Vous pensez tous deux, d'un commun accord, que
     d'avoir fait l'amour est une erreur de passage et vous
     convenez de retrouver cette amitié que vous chérissiez

avant cet épisode sexuel entre vous. Scénario parfois délicat à vivre dans les circonstances, mais c'est toutefois envisageable.

Quoi qu'il en soit, s'il est souhaitable d'entretenir une belle amitié dans un couple, alors il est aussi acceptable et compréhensible qu'une relation amoureuse débute par une simple amitié. Là où la situation pose problème, selon moi, c'est quand une personne déjà engagée dans une relation amoureuse peu exaltante comble son manque d'affection et d'attention dans sa vie de couple en compensant cette carence par une ou des relations d'amitié qui l'exposent trop intimement au niveau émotionnel.

En effet, ce genre d'échange où l'empathie de l'un pour la détresse de l'autre est si évidente et si sincère contribue souvent à changer le cours de la relation. Quiconque se sent enfin si bien compris est tenté de vouloir vivre ce «je-ne-sais-quoi» qu'il ne retrouve plus dans sa vie de couple et qui semble pourtant aller de soi avec son ami. Et qui peut rester insensible au fait que l'amitié vécue avec son ami est tellement plus plaisante que certains tourments pénibles de sa relation de couple?

D'ailleurs, que ton amitié puisse évoluer vers de l'amour n'a rien d'exceptionnel puisqu'en fait, au départ, une rencontre entre deux êtres contient déjà virtuellement en elle-même une potentialité de relation amoureuse. Plus tu t'investis au chapitre des émotions intimes avec un ami, plus ta relation est prédisposée à devenir forcément de plus en plus intime. Tant et si bien qu'il arrive que tout bascule et que tu en viens à ne plus faire la part des choses en croyant à tort que cette intimité émotionnelle c'est de l'amour, et qu'il n'est pas possible de vivre ce genre d'abandon émotionnel sans être en amour.

Trop d'histoires d'infidélité ont commencé par une simple amitié. Si on regarde l'envers de la médaille cependant, on pourrait dire également que plusieurs belles relations d'amour sont nées d'une simple et franche amitié.

Pour conclure, je crois qu'il faut être conscient de la possibilité du niveau d'attente relationnel ou même sexuel probable que tes amis peuvent éprouver à ton égard. Il est possible de prévenir certaines blessures quand tu sais reconnaître qu'un ami cherche davantage un engagement romantique ou une liaison qu'un rapport amical.

Je te laisse donc sur cette réflexion: As-tu déjà perdu une amitié qui te semblait pourtant bien platonique en découvrant l'amour que ton ami ressentait pour toi? Si oui, son amitié n'était peut-être pas si platonique que ça après tout.

LES ACTIVITÉS SACRIFICES
(ou ces activités auxquelles tu participes pour faire plaisir à ton conjoint)

Dans ta relation de couple, comme dans ta vie, il ne te faut pas faire simplement ce qui est facile et plaisant. Parfois, je crois qu'il est bon d'accomplir des activités sacrifices par amour pour ton conjoint. Je te donne un exemple qui a d'ailleurs marqué ma façon de penser à ce sujet. Par le passé, une de mes anciennes copines m'a proposé d'aller jouer aux quilles, ce jeu que j'ai toujours trouvé si banal. Je me rappelais avoir vu des émissions sur des parties de bowling à la télévision quand j'étais jeune, et comme je trouvais cela ennuyant!!! Mais j'ai quand même accepté de m'y rendre.

Alors, j'arrive au comptoir pour la location des chaussures pour quilleurs et je pouffe de rire en voyant les souliers rouge et bleu que la préposée au prêt me remet. Tu imagines cela: une pointure douze; j'avais l'impression de porter des souliers de clown – pour ne pas dire que j'en avais l'air. En me rapprochant de mon allée de quilles, j'aperçois un ordinateur sophistiqué qui servait à calculer nos points automatiquement, ce qui nous donnait plus de temps pour simplement nous amuser.

Eh oui, je t'avoue que je me suis beaucoup diverti et que j'ai rigolé comme un petit fou tout en appréciant la musique environnante, l'ambiance et la présence de ma copine et de son petit garçon. Quelle belle soirée de plaisir nous avons passé tous les trois ensemble. Jamais je ne l'oublierai. Ce soir-là en particulier, j'avais participé à cette activité sacrifice pour ma copine qui, au fond, faisait la même chose par amour pour son fils. L'amour t'incite à agir ainsi parfois et te permet de faire de belles et grandes choses.

Quand tu y songes sérieusement, tes plus belles sorties ne sont-elles pas bien souvent celles auxquelles tu ne voulais pas participer au début, ces occasions auxquelles tu t'es rendu à contrecœur, pour faire plaisir à ton conjoint? Tu as sûrement connu cette sensation de devoir accompagner ton partenaire à un mariage ou lors d'une sortie qui vous rebutait tous deux, sortie à laquelle il vous semblait tellement pénible de devoir y assister. On dit souvent qu'en amour les contraires s'attirent. Alors, il est tout à fait normal que ton conjoint n'aime pas toujours les mêmes activités que toi.

Prends le temps d'apprécier tes différences tout en essayant d'explorer chacun vos goûts personnels. Je crois réellement que de faire certains sacrifices par amour pour ton conjoint est une preuve d'amour éclatante. Si tu tiens à ta relation, alors tu ne devrais pas trouver trop difficile de passer à l'action, car l'amour n'est-il pas l'une des plus grandes motivations? Dans certains cas, accepter de faire ce genre de sacrifice pourrait améliorer votre couple ou même le sauver. Tellement de couples se détruisent faute d'avoir saisi cette demande ou plutôt d'avoir perçu les cris de l'autre.

D'autre part, un autre exemple typique de demandes que j'ai fréquemment entendues, c'est l'insistance à vouloir que ton conjoint consacre moins de temps au réseau Internet ou que tu cesses de consommer de la drogue ou de prendre de l'alcool. Tant de gens n'agissent pas comme des amoureux empathiques en poursuivant ces activités qu'ils savent pourtant si blessantes pour leur conjoint qu'ils disent pourtant aimer. Quand tu aimes, tu veux minimiser les conflits et la souffrance que tu infliges à l'autre à travers tes actions et tes gestes. Réfléchis-y bien: Trouves-tu cela normal de faire souffrir ainsi une personne que tu prétends aimer?

Pense à ta relation amoureuse présente et essaie d'énumérer cinq activités que ton conjoint aimerait faire avec toi ou qu'il aimerait bien te voir abandonner car cela le meurtrit profondément. Par amour pour ta relation amoureuse, je te suggère d'écouter les cris de désespoir, les appels à l'aide de ton conjoint, et de remédier à la situation. Tes actions d'aujourd'hui feront la différence de demain.

Naturellement, quand je parle ici d'effectuer des activités sacrifices par amour, il y a bien sûr des exceptions. Je ne te demande certainement pas de te livrer à des activités sexuelles qui engendreraient un manque de respect envers tes valeurs ou qui iraient complètement à l'encontre de tes désirs.

LE RESPECT DE L'AUTRE ET DE SOI POUR LE SUCCÈS DE TA RELATION DE COUPLE

Je crois que le manque de respect sous toutes ses formes est tellement destructeur pour ton amour-propre et pour ton équilibre intérieur, et à plus forte raison pour ta relation de couple. Il est important d'écouter ton cœur, tes désirs, tes besoins, tes choix et de te respecter toi-même. Si tu parviens à te respecter, tu peux aussi te faire respecter. Cependant, pour plusieurs dépendants affectifs, le fait de vivre une relation amoureuse devient synonyme pour eux d'oubli d'eux-mêmes.

Ainsi, l'acceptation inconditionnelle de nos différences et la possibilité de pouvoir en parler librement et avec respect, voilà en principe ce qui fait évoluer sainement une relation de couple. Même s'il est pertinent d'adopter une attitude d'acceptation de l'autre, cela ne doit toutefois pas obliger ton conjoint à le faire, car aussitôt qu'il se sent menacé ou blessé dans ses valeurs ou ses choix, cela peut déclencher une dispute entre vous. L'important ici, c'est de ne jamais oublier le respect qu'on se doit à chacun.

Saviez-vous qu'il est tout à fait sain de se quereller? Car du moment qu'on communique, on prend du moins sa place, ou on essaie. J'aime mieux voir un couple qui s'engueule qu'un autre qui ne se parle pas. Un couple qui ne s'adresse jamais de reproches se réserve de mauvaises surprises pour plus tard. Se disputer, c'est affirmer vigoureusement ses attentes et ses mécontentements, justement par amour et par respect de toi-même.

Plus ton insatisfaction est grande, plus ta colère peut être intense. Je te suggère cependant de vous engager l'un envers l'autre à ne jamais manquer de respect dans vos actions ou vos paroles. Bien sûr, les insultes te permettent souvent d'atteindre l'autre en sachant fort bien ce qui le blesse pour retenir son attention, mais à long terme, la situation se dégrade. Ces injures laissent généralement des séquelles difficiles à panser et peuvent même détruire tout intérêt pour la relation.

En effet, les paroles malencontreuses proférées trop souvent sous le coup de la colère laissent des cicatrices émotionnelles parfois si profondes que ni le temps ni les excuses ne parviennent à les faire oublier. Une participante à mes conférences me disait que son conjoint lui crachait en pleine figure quand il leur arrivait de se chamailler. Je crois que c'est l'une des choses les plus dégoûtantes que l'on puisse faire par manque de respect pour l'âme d'une personne. Fort heureusement, cette participante a appris à s'aimer et elle a quitté cette relation toxique par respect pour elle-même. Plus tu te respectes, plus le respect fait partie intégrante de ta vie sous tous ses aspects.

Chacun a ses enjeux importants à faire valoir dans cette dispute et chacun doit pouvoir présenter son point de vue à l'autre sans être interrompu. Et c'est primordial pour que la situation évolue à la grande satisfaction des deux partenaires. Une vie de couple sans contrariété est impossible et peut-être pas si souhaitable au fond. Par contre, ton conjoint devrait être trop important à tes yeux pour le blesser par des paroles gratuites.

Pour pouvoir respecter les sentiments de ton conjoint, il est toujours bon de parler en employant le «JE» pour exprimer ta colère ou ta tristesse. De cette façon, personne n'est attaqué ou critiqué ouvertement, et cela permet à chacun de ressentir et de respecter la souffrance de l'autre. L'expérience intérieure de chacun peut évoluer durant l'échange car chacun demeure ouvert et disposé à comprendre ce que l'autre vit par respect pour lui ou pour elle. Le respect consiste en fait ici à écouter l'autre sans le juger.

Le respect est aussi très important sur le plan sexuel. Je te suggère de ne jamais avoir une relation sexuelle quand tu n'en as pas vraiment envie ou sans ton plein consentement. Quand tu te soumets à un acte sexuel contre ta volonté, cela ternit et entache la perception que tu as de toi-même et affecte nécessairement ton respect de toi-même.

CE QUI DIMINUE LA SEXUALITÉ DANS UN COUPLE

*I*l existe plusieurs circonstances ou situations qui peuvent diminuer ou carrément empêcher tout désir sexuel chez l'être humain et j'aimerais t'énumérer les plus courantes.

D'abord, il ne faut jamais faire l'amour quand on ne veut pas ou que l'envie n'y est pas, car on enlève ainsi tout désir sexuel et on perd le respect de soi-même. Selon moi, même en étant mariés ou en couple depuis longtemps, il faut se respecter et se faire respecter totalement dans sa sexualité. Quand faire l'amour devient une obligation ou même une corvée, il vaut mieux t'abstenir et communiquer ton manque de désir pour l'instant.

Puis, un autre facteur très fréquent qui contribue à diminuer largement le désir sexuel est si l'on éprouve de la haine envers son conjoint. Si cette haine est reliée à une infidélité sexuelle, cette panne de désir est habituellement davantage amplifiée, et c'est tout à fait normal. Un autre des facteurs qu'on rencontre très souvent est la pression rattachée à la performance et à la fréquence sexuelles. L'être humain qui essaie de «performer» sexuellement sous pression, dans le seul but de plaire à son conjoint, peut voir sa sexualité comme une épreuve à surmonter à chaque fois. Chez les hommes, parfois la simple peur de déplaire et d'avoir une éjaculation précoce leur fait perdre tous leurs moyens ou presque, ou ils éjaculent justement trop vite.

Voici d'ailleurs d'autres facteurs associés à la diminution du désir sexuel:

- Un ou des stress de vie qui te freinent et t'empêchent de t'abandonner, de te laisser aller;

- Quand faire l'amour est un déclencheur de souvenirs reliés à un abus sexuel du passé;

- Une culpabilité en rapport avec tes convictions religieuses ou des remords de toutes sortes qui t'étouffent et t'empêchent de te permettre de jouir sexuellement;

- Un manque d'amour envers ton conjoint;

- Un manque d'amour envers toi-même.

Au début d'une nouvelle relation, les gens tombent souvent en amour avec la passion sexuelle qu'ils éprouvent pour l'autre personne bien plus que pour la personne elle-même. Puis, quand cette passion disparaît, ce couple a l'illusion qu'ils ne s'aiment plus, mais c'est parfois faux. Il est possible d'être en amour avec quelqu'un sans toutefois ressentir de désir sexuel pour cette personne. J'ai rencontré lors de mes conférences, plusieurs couples heureux qui m'ont avoué vivre une belle relation amoureuse mais sans pour autant éprouver de désir sexuel ardent l'un pour l'autre. Dans une telle situation, je crois que l'important ici, c'est de se demander si l'on est vraiment heureux.

Il ne faut pas oublier qu'il y a aussi beaucoup de couples qui vivent une relation sexuelle intense dans leur couple, mais qui ont tellement de lacunes à d'autres niveaux – notamment en ce qui a trait à la communication, au respect, à la fidélité et à l'amitié, entre autres – que leur situation n'est peut-être pas si enviable après tout.

Tout ceci pour vous dire que la sexualité n'est pas un facteur primordial à tout prix pour vivre une belle histoire d'amour. Il revient à chaque couple d'échanger sur leurs désirs, leurs besoins et leurs goûts à tous deux. Si la seule raison qui t'unit à une personne est la sexualité que tu vis avec elle et que tu en es dépendant, prends bonne note que la dépendance sexuelle se guérit comme toutes les autres dépendances, et ce, par l'abstinence.

LA DISCRÉTION RELATIONNELLE

De nos jours, trop de gens divulguent des détails intimes de leur relation amoureuse et, selon moi, ils manquent souvent de respect envers leur conjoint. Les conversations intimes échangées avec notre amoureux lors de nos élans d'amour, nos querelles, nos secrets, nos peines ne devraient pas être révélés à qui veut l'entendre. Toutes ces déclarations intenses qu'on privilégie entre amoureux devraient pouvoir rester sous le sceau de la confidence, par respect pour l'être aimé. Que ta vie amoureuse ne devienne pas un feuilleton sentimental qui alimente les fantasmes et les conversations de ta famille, de tes collègues de travail ou de tes amis.

C'est triste de voir des gens qui dévalorisent leur conjoint publiquement et expriment ainsi leur mécontentement par rapport à leur relation amoureuse. La discrétion relationnelle est une forme de considération et de fierté que l'on doit respecter. Pour éviter de trahir ton partenaire, imagine qu'il est à tes côtés quand tu parles de lui, et dis alors seulement ce que tu dirais en sa présence. Dans certains cas, le manque de respect est poussé à l'extrême quand une personne rabaisse ou vante les exploits sexuels de son partenaire, en révélant en long et en large les moindres détails de leurs ébats.

Quand tu choisis de parler de ta vie de couple, tu devrais aussi être conscient de ce que tu dis, et savoir délimiter quand tu franchis la ligne de non-respect de l'autre. Il n'est pas nécessaire de répondre à toute question indiscrète sur ta vie amoureuse, parfois d'ailleurs le silence vaut de l'or. Je te suggère d'adopter la phrase suivante dans ton vocabulaire et de dire poliment: «Excusez-moi, mais cette question est trop personnelle et je tiens à respecter l'intimité de ma relation amoureuse!!!»

Il y a aussi des gens qui dramatisent et exagèrent tellement leurs problèmes relationnels que leur entourage se met à perdre peu à peu l'estime pour ce couple qui ridiculise ainsi leur union. Tant de gens expriment leur insatisfaction sentimentale dans leur milieu sans jamais dire les vraies choses qu'ils ressentent à la personne concernée.

C'est sûr que plus tu parles d'un problème, plus il devient lourd à porter, et plus tu entretiens ton mal intérieur. Il vient un temps où il vaut mieux passer à autre chose et pardonner pour pouvoir enfin avancer. Bien entendu, je suis d'accord pour dire qu'il est bon d'avoir un confident à qui partager ses états d'âme pour se libérer de ses peines, mais si tu changes de confident à chaque mois, ce n'est peut-être pas une oreille attentive que tu cherches, mais plutôt de l'amour pour toi-même.

Il ne faut pas oublier que c'est justement la façon de procéder des dépendants affectifs d'avoir plusieurs confidents, car ils ressentent une illusion d'amour chaque fois qu'on écoute leurs problèmes. Il est aussi possible de constater le degré de respect dans un couple à la rupture de leur union. Trop souvent, après une séparation, on se permet d'abaisser notre conjoint publiquement pour justifier notre position dans cette séparation. Pourquoi payer des frais d'avocat exorbitants pour se parler par l'entremise de lettres menaçantes quand on se disait amoureux hier? C'est la preuve que ce respect qu'on affichait était superficiel, ce qui est très courant dans une relation de dépendance affective.

Je crois qu'il est beau d'entendre une personne parler de son ex-conjoint avec respect, et même dans certains cas, avec une affection et un amour inconditionnels. Permets-toi maintenant de réfléchir vraiment sur le degré de discrétion que tu préserves pour ta relation amoureuse et si tu n'as pas déjà franchi certaines limites irrespectueuses pour ton amour. Il est toujours plus facile de respecter autrui lorsque tu te respectes toi-même.

L'HONNÊTETÉ DANS TA VIE
DE COUPLE

Une des raisons principales qui font de l'honnêteté un préalable fondamental à une relation d'amour réussie est qu'elle contribue à apprendre au couple à faire les mises au point appropriées, l'un vis-à-vis l'autre, et quand il le faut. Il est primordial de toujours te permettre de parler des vraies choses sans avoir peur de la réaction de ton conjoint. Si vous voulez rester authentiques et bien dans votre peau l'un à l'égard de l'autre, pratiquez l'honnêteté émotionnelle.

Pour ce faire, face aux événements de votre vie à deux, révèle ce que tu ressens sur le plan émotif, que ce soit positif ou négatif, particulièrement en ce qui a trait aux comportements de ton conjoint qui te dérangent. Oui, bien sûr, parler de telles choses qui créent des remous dans un couple peut parfois occasionner un certain désaccord entre vous, mais ce déséquilibre temporaire apportera sans aucun doute un équilibre beaucoup plus solide à long terme.

Oui, je crois qu'il vaut mieux dire ce que tu as sur le cœur que de rester là à souffrir, dans l'attente que ton conjoint devine ce qui te mécontente et te frustre.

Combien de couples se séparent justement parce qu'ils ont accumulé tellement d'émotions refoulées au jour le jour, qu'ils en ont perdu le respect et même l'amitié de leur conjoint?

Voici d'ailleurs un exemple pour illustrer un peu mon propos. Un jour, une femme se présente à mon bureau et me demande une consultation privée. Elle me fait part en long et en large, pendant 15 minutes, des insatisfactions, des désagréments, et de tout ce qu'elle reproche à son mari. Je lui demande alors si elle croit que son conjoint est conscient à quel point la situation est sérieuse, et si, selon elle, il aimerait l'améliorer. Elle m'a répondu sans hésitation: «Pas du tout, voyons, il ne sait même pas ce qui me dérange, et si je lui dis, ça va être pire!!!» Je lui ai alors fait comprendre qu'elle devait absolument formuler ses plaintes à son mari, le principal concerné, et non à moi.

Environ un mois plus tard, cette femme venait me rendre visite de nouveau et me remercier en me disant que le fait d'avoir parlé à son conjoint de ce qui la dérangeait dans leur relation de couple lui avait enlevé un poids énorme sur les épaules. Non seulement, son mari l'avait écoutée très attentivement, mais, à sa grande surprise, il lui avait aussi exprimé tout autant de contrariétés refoulées qui lui restaient également sur le cœur. Depuis, ce couple pratique l'honnêteté émotionnelle et leur relation amoureuse va très bien.

Selon moi, trop de couples trouvent difficile d'exprimer ouvertement ce qu'ils ressentent, même si c'est une critique constructive, de peur de blesser l'autre. Ne pas exprimer ces sentiments négatifs empêche la résolution du conflit puisque le nœud de la discorde n'est pas exprimé. Si tu souhaites une relation saine à long terme, il est toujours mieux de parler de ce qui te dérange et te bouleverse, plutôt que de le refouler, et ce, peu importe tes peurs.

EN
JOUIR

LE ROMANTISME

Contrairement à ce que les gens pensent la plupart du temps, le romantisme n'est pas de l'amour. Le romantisme est un état d'âme, une attitude, un caractère ou un esprit qui t'amènent à créer une ambiance par certains gestes, des paroles attendrissantes ou de petites attentions qui sont plutôt des compléments à l'amour. Il est possible d'être romantique sans pour autant être en amour avec la personne pour qui l'on a ces petites attentions spéciales. Et il faut être vigilant, car le romantisme peut être à la fois l'expression de ton désir sincère de plaire à ton conjoint, en même temps qu'une forme de manipulation pour arriver à tes fins.

On dit que le romantisme facilite le rapprochement des gens tant sur le plan affectif que sur le plan sexuel. Une personne qui allume des chandelles et tamise l'éclairage – pour créer une belle ambiance feutrée seulement quand elle reçoit – n'est pas une romantique dans l'âme à mon avis. Une personne réellement romantique cherche constamment à ce que cette atmosphère chaleureuse règne dans sa maison, même si elle n'attend personne, car le romantisme fait partie de sa vie, de son quotidien. En fait, le romantisme c'est comme le charisme: tu l'as ou tu ne l'as pas!!!

D'ailleurs les composantes du romantisme ne sont pas les mêmes pour tous et, comme pour l'attrait physique, les goûts ne sont pas à discuter. Je l'ai constaté au cours de mes conférences. À preuve, selon mon sondage, quand je demande aux participants de me dire ce qui est romantique pour eux, leurs réponses me démontrent bien à quel point les goûts peuvent différer d'une personne à l'autre en matière de romantisme.

Bien entendu, les gestes romantiques qui sont le plus souvent énumérés sont: un repas à la chandelle, un bain en compagnie de notre amoureux, un petit-déjeuner au lit, rire ensemble, un massage, une promenade au clair de lune, une musique douce, une maison propre et une bonne odeur aromatisée d'huiles parfumées qu'on fait flamber, se retrouver devant un feu de foyer, une écoute attentive, un échange profond d'affection les yeux dans les yeux, ou une sortie au restaurant.

De plus, en ce qui a trait aux petites prévenances romantiques que les gens disent aimer le plus, on retrouve aussi la lettre d'amour, le petit cadeau-surprise et l'appel téléphonique simplement pour dire «je t'aime». Comme tu peux le voir, il y en a pour tous les goûts. Un participant à mes conférences m'a déjà dit que ce qu'il trouvait tellement romantique, lui, c'était de faire l'amour sur une peau d'ours. À voir la réaction sur les visages des autres dans la salle, j'ai vraiment pu observer qu'il était à peu près le seul à penser ainsi.

D'autre part, les paroles qui semblent être les plus romantiques pour mes participants, ce sont des mots vrais, humbles, remplis d'émotion, qui expriment notre admiration pour la personne aimée, et tout cela manifesté très simplement. Il ne s'agit pas ici de tenter d'être romantique en employant des formules toutes faites et qui ont l'air si peu sincères qu'on se croirait dans un mauvais roman à l'eau de rose diffusé en après-midi: «Tu viens souvent ici?» «Tes yeux brillent comme les étoiles du firmament, quel est ton signe astrologique?» «Madame la Sagittaire veut-elle danser avec moi?» De nos jours, ce genre de jeux de séduction est de plus en plus mis de côté, car on recherche des partenaires authentiques, spontanés, francs et intelligents.

Si tu as l'intention de rencontrer une personne qui te plaise vraiment, c'est toujours plus facile si tu as confiance en toi, car tu peux alors le lui dire tout bonnement en lui parlant en toute franchise. As-tu déjà demandé à ton conjoint ce qu'il aime et ce qui le fait vibrer dans son univers romantique? Ne fais toutefois pas l'erreur d'analyser le degré d'intensité d'amour dans votre couple en vérifiant le niveau de romantisme témoigné. Il est possible d'aimer une personne du fond du cœur sans être romantique pour autant. Si ton conjoint n'est pas romantique pour deux sous, alors sois romantique pour toi-même, et peut-être qu'à ton exemple, en appréciant tes petites attentions et le climat que tu installes dans votre relation, il en viendra peut-être à comprendre et à apprendre les gestes simples qui ravivent l'amour au quotidien.

LES QUALITÉS
DES COUPLES HEUREUX

Au cours de mon cheminement personnel, j'ai décou-
vert que les couples heureux possèdent certaines
qualités communes. Et comme j'ai tenu compte de ces
principes dans ma vie et qu'ils m'ont été très bénéfiques,
il me fait plaisir de les partager aujourd'hui avec toi.

1. Les couples heureux communiquent tout simplement leurs pensées et leurs sentiments

Ne laisse pas ton conjoint tenter de deviner les émotions qui t'habitent. Une des conditions primordiales au
bien-être d'un couple, c'est que chacun des partenaires
exprime clairement et franchement ce qu'il pense et ressent intérieurement. Pour y parvenir, tu dois donc être
conscient de tes émotions, de ce qui se passe au tréfonds
de toi, et tu dois trouver les mots exacts pour traduire tes
sentiments. Il t'est toujours plus facile de les révéler
quand ton conjoint se montre empathique, sans juger ce
que tu éprouves.

D'autre part, cette aptitude à pouvoir t'exprimer ouvertement devient plus facile aussi plus tu la développes,

et c'est possible pour tout le monde. Il m'a fallu beaucoup de temps avant de pouvoir moi-même parler de mes émotions. Je me sentais souvent impuissant à m'affirmer. Si c'est ton cas, crois-moi, tout peut changer. À preuve, on me reproche parfois aujourd'hui d'être trop direct. Chose certaine cependant, je sais prendre ma place.

2.   Les couples heureux sont authentiques

Les couples heureux sont bien dans leur peau, ils sont vrais, ils sont eux-mêmes. Ils ne cherchent pas à jouer des rôles ou à faire semblant que tout va bien quand ce n'est pas le cas. Ils sont authentiques, ne portent pas de masques, ils sont honnêtes, et ils n'ont pas peur du regard des autres sur eux. Le fait qu'ils vivent ensemble en étant vraiment eux-mêmes et au grand jour – tout en préservant leur intimité – suppose qu'ils n'essaient pas de garder jalousement leur amour ni de cacher aux autres ce qui les contrarie de temps à autre.

3.   Les couples heureux sont responsables de leur bonheur et se prennent en main

Les couples heureux savent qu'ils sont les seuls responsables de leur bonheur, aussi n'imposent-ils à personne le fardeau de les rendre heureux. Ils comptent sur leurs propres ressources et sur leurs gestes personnels pour jouir d'une relation d'amour épanouie. Ils ne vivent pas de dépendance affective par rapport à leur conjoint, par conséquent ils ne le voient donc pas comme une béquille sur laquelle ils s'appuient et qui contribue à leur procurer le bonheur. Ce sont des gens autonomes et qui se prennent en main.

4. Les couples heureux vivent le moment présent

Les couples heureux n'attendent pas que le bonheur vienne vers eux, ils prennent des mesures et agissent pour le vivre dans l'instant présent. Ils ont compris qu'il faut profiter de la vie aujourd'hui et que de savoir apprécier en toute simplicité les petits plaisirs de la vie concourt déjà largement à leur bonheur.

Quoi de plus agréable qu'un charmant pique-nique improvisé à la bonne franquette par une journée ensoleillée ou une balade en voiture pour découvrir de nouveaux horizons et se remplir et le cœur et l'âme des douceurs de la vie? Pourquoi ne participerais-tu pas avec ton amoureux à une activité stimulante, tout en faisant d'une journée qui semblait ordinaire au départ un événement extraordinaire. La vie c'est aujourd'hui, alors profites-en!!!

5. Les couples heureux sont passionnés

La passion est une émotion spécialement intense qui, lorsqu'elle est associée à un but, te permet de garder ta vision malgré les embûches qui parsèment ta route çà et là. Alors, imagine les flammèches si ta passion consiste à préserver ta relation amoureuse vivante et saine. La passion, c'est ce qui fait la différence entre le rêve et la réalité, car la particularité des passionnés c'est de passer à l'action pour obtenir ce qu'ils désirent. Parles-tu encore avec passion de ton conjoint?

6. Les couples heureux savent dédramatiser les événements

Les couples heureux voient les situations problématiques qui surviennent dans leur vie telles qu'elles se présentent et sans les dramatiser davantage. Comme ils ne s'apitoient pas sur leur sort, ils font tout ce qu'il faut pour que ces périodes soient seulement passagères, et ils tirent alors plus facilement leur épingle du jeu. Ils savent dédramatiser et accorder aux circonstances l'importance qu'elles ont vraiment.

7. Les couples heureux affrontent la réalité et les problèmes sans se défiler et ils admettent leurs erreurs

Les couples heureux ne décampent pas à la première contrariété venue. Ils prennent au contraire le temps d'analyser ce qui se passe et d'y faire face. De plus, s'ils remarquent qu'ils n'ont pas eu raison d'agir de telle ou telle façon, ils l'admettent humblement et sans orgueil. Les couples heureux sont d'ailleurs très conscients qu'ils ne sont pas parfaits, et c'est une chance, car s'ils se croyaient vraiment irréprochables, cela serait bien loin de les aider à créer une harmonie dans leur relation de couple. Leur attitude humble empêche qu'on porte des jugements ou que les problèmes deviennent disproportionnés à la réalité.

8. Ils sont positifs

Devant les épreuves de la vie, les couples heureux optent pour une vision positive des événements, peu importe leur gravité. Ont-ils moins de problèmes pour autant? Non, mais il n'en demeure pas moins que le fait de ne pas se laisser abattre contribue certainement à leur donner une position plus claire et plus optimiste pour relever ces défis à vaincre et pour les résoudre mieux et plus vite. Les couples heureux ont aussi compris qu'il ne sert à rien de ressasser sans cesse un problème, car cela accentue leur émotivité écorchée et les freine alors dans leur évolution. Pour eux, tout problème comporte toujours une solution, il s'agit simplement de regarder vers l'avant.

9.   Les couples heureux ont des objectifs communs et des rêves à réaliser

Les couples heureux nourrissent des rêves qui peuvent devenir réalités. Ils agissent et effectuent les efforts nécessaires pour atteindre leurs buts. C'est pourquoi on les entend parler de cette maison à la campagne qu'ils désirent posséder un jour, de leur rêve de voir leurs enfants fréquenter l'université, ou de cette croisière si bien méritée sur un navire de plaisance. Quand ils ont atteint un but, les couples heureux aspirent à en réaliser un autre. Ils savent apprécier ce qu'ils ont accompli mais ils se fixent constamment d'autres buts à viser. Peux-tu énumérer cinq des buts communs que vous cherchez à concrétiser dans votre relation de couple?

Si je devais écrire une recette pour maintenir une belle relation amoureuse saine, je ne manquerais pas d'ajouter à mes ingrédients de base: le respect, la confiance, l'honnêteté, l'humilité, l'amitié et un brin d'humour.

LE COUP DE FOUDRE

On dit que l'amour est aveugle! Et c'est très souvent vrai, car dans les premiers temps d'une relation, tu es parfois tellement exalté que tu en perds pour ainsi dire la raison. Combien de couples se jettent tête baissée dans une nouvelle relation avec une intensité sexuelle si captivante qu'ils en oublient pratiquement leurs priorités quotidiennes.

Il m'est même arrivé de voir des gens négliger complètement leurs enfants et leur conjoint du moment parce qu'ils avaient rencontré un nouvel amour. Ils sont si enjôlés par le désir et la passion romantique qu'ils n'envisagent même pas la possibilité que leur nouvelle conquête puisse avoir des défauts. C'est ainsi qu'ils ne parlent que d'amour et d'eau fraîche, et qu'ils racontent dans les moindres détails tout ce qu'ils vivent dans cette relation naissante, comme des fanatiques de l'amour. On dit parfois qu'ils sont en amour avec l'amour.

Je trouve triste que certaines personnes croient obstinément qu'il est possible d'être en amour avec quelqu'un qu'elles ne connaissent à peu près pas. Les pulsions sexuelles intenses qu'on ressent au début d'une relation amoureuse sont plus souvent associées à nos hormones mâles ou femelles, dont la fonction première est d'assurer la continuité de notre espèce. Mais comme nous n'en sommes pas encore à ce genre de considération au début d'une relation – et pour aller plus directement dans le creux du sujet – on pourrait plutôt appeler ce phénomène humain très courant un «coup de sexe». Puis quelques années plus tard, quand ce n'est pas quelques mois après, tu te réveilles soudain: le nouveau conjoint dégringole alors de son piédestal et sa chute est souvent brutale.

Eh oui, comme tant d'autres, tu es peut-être tombé dans ce piège; tu n'as pas vu ta nouvelle flamme telle qu'elle est vraiment mais plutôt telle que tu rêvais qu'elle était. L'intensité de tes sentiments s'étant atténuée, tu es devenu plus lucide à l'égard de l'autre. Fin de l'état de grâce, place à la réalité, aux personnalités qui se révèlent, aux déceptions et aux fâcheuses désillusions. Voici venu le temps des oppositions et des conflits.

Alors, tu crois que si ton désir sexuel a diminué, c'est qu'il y a nécessairement moins d'amour dans ta relation. C'est dommage de penser ainsi, car je connais trop de couples qui se sont séparés non par manque d'amour l'un pour l'autre, mais par insatisfaction sexuelle. Si on peut comparer un coup foudre à un désir intense de faire l'amour ou de se reproduire, il te faudrait certainement mieux choisir la personne avec qui tu veux t'engager dans ce sens – selon vos compatibilités –, et non laisser Dame Nature le faire à ta place.

Pour transformer cet instant magique en relation durable, il faut savoir dépasser le désir sexuel et apprendre à être de bons amis avant tout. Il y a aussi la possibilité que le coup de foudre soit plus émotionnel que sexuel et qu'il contribue plutôt à remplir un vide intérieur. En général, les gens qui sont incompris, non écoutés et dévalorisés ont tendance à éprouver des coups de foudre émotionnels envers ceux qui s'intéressent plus intimement à eux.

De plus, le coup de foudre est quelque peu comparable à la haine en termes d'intensité et de crise intérieure, en ce sens qu'il a le pouvoir de te faire perdre la raison, de te désarmer complètement parfois, et de t'entraîner à vivre certaines conséquences qui peuvent parfois être douloureuses pour toi à long terme. Comme tu le vois, il est toujours bon de comprendre les pulsions et les désirs qui t'habitent pour te garder de devenir une marionnette qu'on manœuvre à son gré en tirant sur les ficelles de tes émotions.

L'IMPORTANCE D'UNE BONNE COMMUNICATION DE COUPLE

Une bonne communication relationnelle répond souvent (et même parfois inconsciemment) à ce besoin fondamental en amour qui est de se sentir important et valorisé par son conjoint. Le degré d'importance de l'attention que tu accordes à ton conjoint est relié directement à l'amour et à l'intérêt que tu lui portes. Je rencontre tellement de couples qui me demandent comment se rapprocher l'un de l'autre du point de vue émotionnel, et ma réponse est toujours très simple: PARLEZ-VOUS!!! Oui, parlez-vous, entamez des conversations où l'on sent le respect et l'intérêt sincère de se connaître davantage.

Trop de gens parlent pour s'écouter parler et oublient l'importance d'une conversation profonde. Combien de gens excellent à parler de la pluie et du beau temps, à discourir pendant des heures des problèmes des voisins, mais qui sont pourtant incapables de tenir une conversation profonde de dix minutes à simplement parler d'eux-mêmes. Si tu veux que ton conjoint te connaisse davantage, il te faut parler avec ton cœur et exprimer tes émotions, et ce, toujours avec respect.

En règle générale, les gens tombent amoureux l'un de l'autre après avoir investi du temps à se connaître et à échanger sur des sujets profonds tout en se témoignant de l'affection. Mais il ne faudrait pas tenir cctte relation pour acquise au point que tes paroles intenses s'éteignent comme flammes sous la pluie. Lorsque deux êtres s'engagent dans une relation amoureuse, chacun des partenaires a le droit de s'attendre au même soutien et à la même attention que ce qui prévalait quand ils se courtisaient.

Malheureusement, on a trop souvent tendance à oublier qu'une relation est un choix et non un droit acquis. L'épouse dont le mari n'arrive pas à lui parler accepte peut-être cette situation parce qu'elle a rencontré un ami avec qui échanger. Elle ne se rend pas compte que, d'une certaine façon, elle nuit ainsi au lien affectif que pourrait créer ce même dialogue entre son mari et elle. D'ailleurs, si le mari doit quitter la ville pour son travail, je vous suggère d'utiliser le téléphone pour maintenir votre lien de proximité et d'affection l'un pour l'autre.

Il arrive trop souvent que l'infidélité sexuelle commence par une forme d'infidélité affective, à partir d'une communication qu'on entretient avec quelqu'un d'autre pour justement compenser un manque d'écoute dans sa relation amoureuse. Ici, je dois vous avouer que je parle d'expérience. Par le passé, comme je donnais des conférences où je prenais la parole de six à dix heures par jour partout, et ce, pendant des années, j'arrivais à la maison fatigué et sans aucune envie de parler. Je n'avais ni la force ni le désir de communiquer. J'appréciais surtout le silence. J'ai pris conscience à quel point la communication

était une façon de témoigner de l'affection quand ma copine m'a quitté en me disant qu'elle manquait d'affection car je ne lui parlais pas assez. Je n'arrivais pas à y
croire, mais maintenant je la comprends très bien.

Cette leçon de vie m'a été bénéfique, tant et si bien
que j'ai modifié mes horaires de travail pour pouvoir
communiquer mieux avec les gens que j'aime. Le temps
n'est pas quelque chose que l'on doit attendre mais
plutôt que l'on doit prendre. Prenez le temps de communiquer ensemble afin de bien bâtir une relation durable
et digne d'affection tous les jours de votre vie.

LE RÔLE DE L'HUMOUR POUR LE BIEN-ÊTRE DU COUPLE ET POUR LA SANTÉ

*L*e rire... c'est du sérieux!!!

Je trouve qu'entretenir un bon sens de l'humour dans une relation amoureuse rapproche tellement les couples, car le rire tisse un lien émotionnel entre ceux qui le partagent. On dit de quelqu'un doté d'un bon sens de l'humour qu'il dispose d'une facilité à séduire et que sa présence seule nous fait du bien. Je précise bien sûr ici que je parle d'un humour sain, respectueux et spontané qui vient du cœur.

J'aimerais d'ailleurs vous faire remarquer que les gens qui ont du charme ont souvent aussi un excellent sens de l'humour justement. De nos jours, quand on parle de compatibilité amoureuse, plusieurs personnes vont rechercher en priorité un bon sens de l'humour chez leur partenaire. Le rire est contagieux, garde notre cœur jeune, et peut contribuer à apporter un plaisir énorme dans un couple.

Tout récemment, je demandais à un jeune couple qui envisageait de se séparer, à quel moment remontait la dernière fois qu'ils avaient ri ensemble, à se tordre vraiment de rire jusqu'à en avoir mal au ventre. Ils m'ont répondu qu'ils n'avaient jamais éprouvé un tel plaisir, car la vie et les responsabilités à assumer étaient trop sérieuses. Je leur ai suggéré de dédramatiser leur existence et de se donner le droit de s'amuser follement ensemble comme de petits enfants. Cette semaine, pourquoi ne pas mettre du plaisir et de la gaieté dans ta relation amoureuse?

Selon Henri Rubinstein, un neurologue américain, sais-tu que: «Avec 30 minutes de rigolade quotidienne, on pourrait s'abstenir de prendre de nombreux médicaments»? En fait, le rire atténue la douleur et le stress, te réveille l'intellect et ravive la libido – ce qui peut être vraiment intéressant pour un couple dont le désir sexuel est quelque peu au point mort. Le rire te protège aussi contre toutes sortes d'autres affections, y compris la déprime, et parfois des querelles inutiles. Certains croient également que le rire peut stimuler le système immunitaire, prévenir certaines maladies cardiaques, et même le cancer.

Joue avec tes jeunes enfants, amuse-toi, fais-les rire. La pureté de leurs rires te fera du moins sourire, sinon rire aux éclats toi aussi. Amusez-vous en famille à provoquer des fous rires pour le simple plaisir d'être heureux.

Si les enfants ont beaucoup à apprendre de nous, les adultes, nous aurions avantage à réapprendre à rire d'aussi bon cœur qu'eux. Tant d'adultes se prennent trop au sérieux et vivent des vies ternes. Je te recommande donc d'ajouter beaucoup d'humour dans ta relation amoureuse afin de te rapprocher de ton conjoint un peu plus chaque jour et de mettre du piquant dans ta vie.

Après le rire s'installe un état de détente extraordinaire que vous pouvez aussi partager en couple, à contempler votre joie de vivre.

VIVRE ET LAISSER VIVRE

L'amour dans un couple ne devrait pas générer de sentiments d'étouffement, de possessivité ou de jalousie. Trop de partenaires changent leurs loisirs ou optent pour d'autres activités sociales de peur de déplaire à l'autre et de sacrifier ainsi leur petite joie de vivre. Parmi les changements réactionnels courants, on retrouve aussi des gens qui délaissent complètement leurs amis, croyant que leur conjoint doit être maintenant leur seule priorité.

Il ne faut pas que ta relation amoureuse affecte ta vie au point de t'enlever tous ces petits plaisirs que tu trouvais pourtant sains et plaisants jadis, avant que tu te consacres exclusivement, corps et âme, à cette union. Certaines personnes en viennent même à modifier totalement leur personnalité et leur apparence extérieure pour plaire à l'autre, mais elles y perdent au change car elles se dépossèdent d'elles-mêmes et, au fond, elles renoncent de ce fait à ce qui est le plus beau et le plus précieux en elles.

Si tu es une personne souriante et pleine de vie qui aime les contacts humains, alors pourquoi devrais-tu changer de comportement pour le pire, sous prétexte que ton conjoint se sent menacé par ta joie de vivre? Si tes rapports avec les autres sont amicaux et sympathiques, respectueux de ta relation de couple et échangés sans tenter de séduire qui que ce soit, il n'y a rien de mal selon moi à être aimable.

En fait, plus tu es aimable, plus tu développes et engendres la capacité de t'aimer toi-même et, par ricochet, d'aimer alors davantage ton conjoint. Le principe est simple à comprendre: Il est plus facile de répandre l'amour autour de toi quand tu le vis dans ton cœur et à de multiples niveaux tous les jours de ta vie.

Quand on y pense vraiment, les gens qui sont jaloux du bonheur de leur conjoint ne peuvent pas être heureux. Au lieu d'admirer et d'apprécier leur conjoint épanoui et débordant de vie, ils cherchent plutôt à le mettre en cage, comme si cette attitude possessive pouvait assurer la continuité éternelle de leur relation.

Tôt ou tard, tout être humain réalise que son manque d'épanouissement personnel est relié directement à sa relation amoureuse toxique. Les divorces de nos jours ne résultent pas tous nécessairement d'un manque d'amour, mais plutôt d'une carence profonde en joie de vivre. Des milliers de gens souffrent en silence et acceptent de refouler au plus profond de leurs tripes ce désir d'être eux-mêmes dans leur vie quotidienne, par peur de déplaire ou de causer de l'inconfort à leur conjoint tourmenté, ou pour le rassurer car il éprouve de l'insécurité. Avec le temps, tu peux même en arriver à développer une certaine forme de psychose, compte tenu du fait que tu refuses ainsi d'assumer ton identité propre.

Nourrir une relation d'amour ne devrait pas être synonyme d'entretenir des peurs. Je trouve quelque peu drôle, même bizarre, que plusieurs célibataires me disent ne pas vouloir rencontrer l'âme sœur actuellement car cela les obligerait à délaisser leurs activités quotidiennes. Si on suit la logique de ce raisonnement, cela nous amène à penser qu'ils considèrent l'amour comme une perte et non comme un gain dans leurs vies.

Selon moi, ta façon d'aimer autrui est proportionnelle à ta façon de t'aimer toi-même. C'est pourquoi je te suggère de reprendre ta joie de vivre en mains et de te permettre enfin d'être heureux et présent aux gens qui t'entourent. Partage un amour inconditionnel avec les autres par tes sourires et de bonnes conversations saines, et préserve ainsi ton équilibre intérieur si inestimable. Même l'amour ne te donne pas le droit de posséder. Vivre et laisser vivre!!!

LE
PERDRE

LES ENNEMIS DU COUPLE LES PLUS SOUVENT MENTIONNÉS

Pour vivre une relation de couple saine, tu pourrais peut-être échapper à certains pièges très courants qui risquent à la longue d'affaiblir les liens qui t'unissent à ton conjoint. Voici un petit rappel des mauvaises habitudes que les participants à mes conférences me signalent le plus souvent et qui nuisent à leur vie de couple; ces ennemis qu'il m'est arrivé moi-même de vivre ou d'utiliser pour compenser – tant ma souffrance et mon manque d'amour pour moi-même étaient extrêmes.

La télévision

Te laisser tomber sur le divan pour regarder la télévision est certainement une mauvaise habitude à éviter car elle empêche trop souvent les partenaires de communiquer entre eux, comme si tu cherchais à repousser les moments où vous pourriez avoir des discussions de fond sur des questions si importantes pour l'harmonie de votre couple. Avec le temps, ce genre d'échappatoire peut même modifier la belle complicité qui pourrait se créer autrement dans la famille.

Te rappelles-tu cette tempête de verglas qui a causé des pannes d'électricité pendant environ 10 jours, en

1998, au Québec? Eh bien, malgré tous les désagréments occasionnés, certains couples m'ont tout de même fait part qu'ils avaient profité de ces instants privilégiés pour enfin se parler, tant et si bien qu'ils en avaient apprécié l'expérience. Et qu'est-ce que ce phénomène a entraîné comme résultat neuf mois plus tard? Eh oui... plusieurs belles naissances.

Les heures supplémentaires

Il est important de préserver un bon équilibre entre ton travail et ta vie quotidienne. Tu dois trouver du temps précieux à consacrer pour vos loisirs en commun, à ton conjoint et toi-même. Bien entendu, si tu te tapes régulièrement des heures supplémentaires, tu entres donc de ton boulot toujours trop fatigué, alors cela affecte inévitablement ta qualité de vie de couple.

Ne laisse pas le travail envahir ta vie au point de négliger tes priorités: ta vie amoureuse devrait en faire partie. Il ne faut jamais oublier cette distinction importante entre le fait de réussir dans la vie et de réussir sa vie. Il existe entre les deux une nuance très fondamentale.

Le manque de motivation à simplement t'amuser

Quoi qu'on en dise, il est vraiment important de t'évader des tracas quotidiens et de te planifier le plus souvent possible des petites sorties avec ton amoureux. Prenez le temps de vous amuser ensemble, et de sortir au cinéma ou au restaurant comme vous le faisiez régulièrement auparavant. Retrouvez cette magie des escapades complices. Il faut nourrir votre vie de couple de petits plaisirs et l'agrémenter de joie de vivre pour apprécier votre vie à deux, sinon vous risquez de sombrer dans l'ennui.

L'indifférence et le manque d'attention

L'indifférence et le manque d'attention font vraiment partie de ces mauvaises habitudes considérées comme étant les plus grandes ennemies du couple. C'est bien beau de lui offrir des fleurs, mais si tu n'arrives pas simplement à remarquer et à écouter ton conjoint, à t'intéresser en somme à ce qu'il ou qu'elle vit au jour le jour, ce geste vient-il vraiment du cœur? J'ai entendu trop de personnes me dire qu'elles ne se sentaient pas tellement plus spéciales aux yeux de leur conjoint qu'un meuble dans leur maison. Je trouve cela terriblement dommage et désastreux comme constat de vie.

L'absence de projets en commun

Former un couple, ce n'est pas seulement affronter le quotidien sans penser au lendemain. Vous devez bâtir conjointement et planifier des projets à court et à long terme. Une vision commune de votre avenir vous donne alors des ailes et l'envie d'aller de l'avant... ensemble!

L'abstinence sexuelle

La vie sexuelle est importante dans un couple pour nourrir cette conviction d'être quelqu'un de vraiment particulier et de se sentir désiré par son conjoint. Bien sûr, il est normal que ton désir diminue avec le temps mais il est préférable de ne pas pratiquer une abstinence totale, à moins que cette décision soit vraiment prise et réfléchie d'un commun accord, et sans qu'un des deux partenaires ne se sente frustré de dire non à toute sexualité avec son conjoint. Sinon, gare à la colère qui est une des pires ennemies du désir sexuel inassouvi.

Le silence

Le manque de communication cause des guerres dans le monde, alors imagine le potentiel de destruction du silence glacial qui s'installe dans un couple. S'aimer sans se comprendre est difficile, ne pas pouvoir se le dire et préférer s'enfermer dans un mutisme obstiné engendre à tous coups une routine de vie ennuyeuse et malsaine. Pour contrer cette morosité toxique, de grâce parlez-vous!!!

Le réseau Internet

Je rencontre de plus en plus de couples malheureux qui blâment l'ordinateur à la maison et l'accès à Internet de faire partie des causes principales de leurs querelles, de leurs infidélités, quand ce n'est pas carrément de leurs divorces. Je suis convaincu que le réseau Internet – ce nouvel outil révolutionnaire de communication entre amis et étrangers – va exercer un impact énorme sur plusieurs relations de notre génération et de celles à venir.

Il ne faut pas oublier cependant que cette influence peut être tout autant positive que négative. Je trouve particulièrement triste que l'ordinateur, et par ricochet le «bavardage en ligne» sur Internet, deviennent des dépendances soudaines pour compenser un manque dans ta relation présente. À l'heure actuelle, il y a déjà des milliers de bébés Internet qui sont nés «par hasard», par l'intermédiaire d'un clavier d'ordinateur et de l'informatique.

L'argent

Vivre au-delà de tes moyens est le meilleur moyen de créer du stress et de l'insécurité financière dans ta relation de couple. Avant d'effectuer un achat, demande-toi si cette dépense que tu t'apprêtes à faire est un besoin nécessaire ou un simple désir impulsif. Pour minimiser les problèmes, il serait sans doute préférable de laisser la personne la plus responsable du couple gérer le budget, pour ne pas dépenser à tort et à travers.

Les valeurs

Est-ce que tes valeurs fondamentales dans la vie sont les mêmes que celles de ton partenaire? Partages-tu les mêmes opinions que lui quant à l'orientation religieuse, à la consommation de boissons ou de drogues? Adoptez-vous tous deux une règle de conduite semblable lors des sorties dans les discothèques, quand il est question d'échanges de couples ou d'infidélité? Est-ce que l'honnêteté et le respect mutuel ont la même importance pour ton conjoint que pour toi? Et qu'en est-il du genre d'amis ou de fréquentations que vous vous imposez de part et d'autre, et qui peuvent écorcher au passage votre vie de couple?

Avez-vous cette même conscience de l'importance d'adopter des valeurs équivalentes pour le maintien de votre vie amoureuse harmonieuse? En ce qui me concerne, j'ai déjà mis un terme à une relation car ma conjointe – que j'aimais pourtant de tout mon cœur – consommait une sorte de drogue douce et que cela allait totalement à l'encontre de mes convictions et de mes principes de vie.

En fait, après lui avoir demandé plusieurs fois d'arrêter, je n'ai jamais vraiment senti de sa part d'intention sincère de prendre en considération mes valeurs et de les respecter. Elle n'a pas entendu mon cri et elle a même continué de prendre de la drogue derrière mon dos, à mon insu, sachant très bien ce que j'en pensais. Quand la drogue passe avant toi, c'est dévalorisant et humiliant. Ma décision a été déchirante, mais je me suis respecté et choisi par amour pour moi-même.

Le doute

Un autre ennemi qui s'introduit sournoisement dans le couple et qui peut faire des ravages énormes est le doute. Comment te sens-tu quand tu te mets à penser que ton conjoint ne t'aime peut-être pas autant que tu le souhaiterais, quand tu doutes de sa fidélité, quand tu te convaincs peu à peu qu'il est peut-être en train de te tromper aussitôt qu'il n'arrive pas à l'heure prévue? Le doute est un ennemi maléfique car il dérange la paix de l'esprit et entraîne toutes sortes d'idées morbides. Je te suggère de garder ton sang-froid, car tout ce temps où tu te morfonds dans le doute est du temps perdu pour aimer.

Les terrains glissants

On ne sait pas toujours reconnaître ou percevoir quand une situation risque de nous entraîner sur un terrain glissant. Et, par conséquent, il nous arrive de nous mettre ni plus ni moins les pieds dans les plats, faute d'avoir su réagir adéquatement. Par exemple: Tu vis depuis peu une nouvelle relation amoureuse et ton ex-mari te propose d'aller au cinéma. Tu crois que la rupture entre vous est claire et tu ne vois pas pourquoi tu n'accepterais pas de sortir avec lui puisque vous avez convenu de rester tous deux de bons amis. Il y a cependant certains aspects que tu aimes chez ton ex-mari, que tu voudrais bien pouvoir retrouver chez ton nouveau copain, mais la magie n'opère pas.

Dans ces circonstances, c'est un peu dangereux d'accepter cette sortie avec ton ancienne flamme car tes émotions peuvent entrer en jeu et te mettre toute à l'envers par rapport à ta relation actuelle. Ce genre de soirée peut facilement devenir une aventure passagère que tu regretteras et tu ne seras alors pas tellement plus avancée, n'est-ce pas? Par ailleurs, au lieu de t'exposer à toutes les tentations qui pourraient se présenter en prenant seule tes vacances, pourquoi ne pas plutôt choisir par amour de partir avec ton conjoint et éviter ainsi les terrains glissants?

Le téléphone cellulaire

Pour terminer l'énumération de certains ennemis qui empêchent une meilleure communication dans un couple, voici l'un d'entre eux qui, par l'usage que tu en fais habituellement, devrait pourtant t'aider à échanger avec ton conjoint et non nuire à la qualité de votre relation. Et pourtant...

Quoi de plus «emmerdant» que d'entendre retentir la sonnerie de ton cellulaire alors que vous êtes en pleine conversation passionnée, ton conjoint et toi, ou simplement à échanger dans l'intimité auprès d'un bon repas. Que tu le veuilles ou non, cela nuit à la spontanéité des propos que vous partagiez juste avant, ou du moins vous en perdez un peu le fil. Et cela mine complètement l'atmosphère romantique qui s'était pourtant établie dans votre tête-à-tête.

Laisse donc tomber ton téléphone cellulaire quand tu es en présence de ton conjoint et que vous avez décidé de privilégier un temps précieux ensemble. Ceux qui cherchent à entrer en communication avec toi te rappelleront quand tu seras disposé à les entendre, ne t'en fais pas!

Eh bien voilà, je viens de te faire part de quelques habitudes néfastes qu'il faut le plus possible éviter dans ta vie amoureuse car ce sont des ennemies qui nuisent à votre rapprochement et qui peuvent entraver l'équilibre de votre couple. Bien entendu, il va de soi que tout comme pour la maladie, il vaut mieux prévenir que guérir en amour. Peux-tu améliorer ta vie de couple maintenant? Prends donc les moyens de favoriser l'entente entre vous et progressez ensemble sur ce chemin que vous empruntez à deux.

LA JALOUSIE

Dans ma carrière de policier, j'ai pu observer tellement de blessures physiques, de querelles et de séparations de couples qui étaient justement liées à la
jalousie. Cette jalousie souvent si intense amenait des
gens à oublier totalement tout bon sens.

La jalousie est la pire maladie du cœur car elle détruit les relations au lieu de les bâtir. Le jaloux ne fait pas
confiance à l'autre. Il soupçonne le moindre geste, le
moindre retard. La jalousie est une émotion qui prend le
contrôle de ton cœur et de tes pensées pour étouffer la
personne que tu dis aimer, ce qui rend cette relation intolérable avec le temps.

Quand tu ressens de la jalousie, tu veux manipuler,
dominer et posséder au lieu de laisser vivre. Ce malaise,
parfois contagieux et sournois, s'attaque graduellement
à ses victimes et s'avère malheureusement la cause de
plusieurs meurtres, et ce, partout à travers le monde.

Voici quelques caractéristiques de gens souffrant de
jalousie:

1. Ils dévalorisent leur partenaire et détruisent ainsi
   leur estime personnelle.

2. Ils peuvent être adorables au début de la relation pour forcer l'attachement de l'autre à leur égard.

3. Ils dénigrent aussi les amis de leur conjoint.

4. Ils utilisent souvent la peur et les menaces pour s'assurer que leur conjoint agisse selon leur volonté.

5. Ils contrôlent la façon de s'habiller de leur conjoint.

6. Ils sont portés à enquêter sur le passé sexuel de leur conjoint pour ensuite le mépriser davantage.

7. Ils questionnent sur toutes les allées et venues pour s'assurer de la fidélité de leur partenaire.

8. Ils refusent que leur conjoint fasse des sorties avec des amis sans eux, que ce soit au théâtre ou au restaurant, par exemple.

9. Ils peuvent devenir violents après une rupture amoureuse.

J'ai tellement rencontré de gens de toutes les couches sociales souffrant de ce problème et qui me disaient vouloir vraiment s'en défaire pour retrouver un équilibre intérieur. Par le passé, j'ai moi-même été jaloux, car j'avais peur de perdre la femme que j'aimais, et cette peur était amplifiée par ma dépendance affective. Il ne faut pas oublier qu'on ne vient pas au monde jaloux, on le devient; alors, garde espoir car on peut s'en libérer.

Une participante à une de mes conférences m'a témoigné qu'elle avait eu ni plus ni moins le sentiment d'avoir purgé une peine de prison de 20 ans pour avoir enduré la jalousie et le contrôle maladifs de son mari. Quand elle a regagné son estime personnelle, elle a pu à nouveau s'affirmer et se faire respecter. Elle avait changé et son mari n'appréciait pas ce changement.

Après deux semaines de disputes, son mari est venu assister à ma conférence. Il m'a écouté attentivement, il a compris la source de cette blessure qui le portait à être si jaloux, et sa relation de couple est redevenue peu à peu harmonieuse.

En fait, le problème venait de loin. Il a réalisé qu'il avait peur d'être abandonné, comme son père l'avait fait quand il était petit, après cette pénible séparation avec sa mère. En comprenant mieux cette blessure qui le meurtrissait depuis si longtemps, après avoir repris confiance et retrouvé son bon sens, cet homme a appris à faire confiance à sa femme et à la laisser vivre.

Il faut simplement prendre le temps de comprendre pourquoi l'on ressent une telle jalousie et oser s'aimer soi-même davantage...

COMPRENDRE LES RACINES
DE TA JALOUSIE

Si tu vis actuellement une relation et que tu es jaloux, il est important pour toi de comprendre d'où vient ton insécurité intérieure pour pouvoir lâcher prise. Il est primordial aussi que tu réalises à quel point ta jalousie étouffe justement cet amour que tu cherches à préserver à tout prix. Cette relation que tu crois être un amour véritable ressemble plutôt à la peur d'être abandonné.

Par contre, si tu vis une relation avec un conjoint jaloux, considère que tu fais peut-être aussi partie de ce problème, car si tu acceptes cela, tu as vraiment de la difficulté à t'affirmer. L'endurance émotionnelle n'est pas positive dans une telle situation.

J'aimerais te faire remarquer qu'une personne jalouse est plus souvent attirée par des gens ayant une faible estime d'eux-mêmes, car cela facilite son emprise émotionnelle et physique. Les personnes dotées d'une saine estime d'elles-mêmes ne tolèrent pas la jalousie de leur conjoint très longtemps: elles savent que l'insécurité intérieure de leur conjoint jaloux ne les concerne pas et que cela demeure son problème à lui. Quand tu crèves de jalousie maladive, tu es toujours perdant, et il est urgent que tu apprennes à t'aimer ou à accepter les blessures de ton passé.

Une participante à ma conférence m'a fait part que sa jalousie était ancrée en elle à cause d'un abus sexuel qu'elle a vécu dans sa plus tendre enfance et qu'elle manquait énormément d'estime d'elle-même depuis. Une autre m'a témoigné que sa jalousie était liée à l'infidélité de son ex-copain, même si cette relation était terminée depuis longtemps. Un autre m'a confié qu'il était jaloux depuis le décès non accepté de sa mère et cela le laissait aujourd'hui avec une montagne de peurs d'être privé de l'amour d'un être cher ou d'en manquer. Alors, comme tu peux le constater, la jalousie est intimement rattachée à une blessure du passé ou à une perte d'amour.

Pour comprendre ta jalousie, je te suggère de dresser une liste et d'énumérer toutes les fois que tu as perdu de l'amour suite à une blessure émotionnelle. Ensuite, essaie de déterminer quelle épreuve tu n'as pas encore acceptée et empresse-toi d'y remédier pour te débarrasser de cette jalousie qui détruit et emprisonne la personne que tu dis aimer. Une personne jalouse se trouve en réaction contre ses émotions et ses souffrances du passé qu'elle n'a pas comprises, ni acceptées.

Les jaloux sont en majorité des dépendants affectifs, ce qui amplifie davantage leur peur d'être abandonnés, car ils ont de la difficulté à apprivoiser leur solitude. Parfois, les jaloux cachent leur malaise et gardent sous silence leurs émotions, de peur de montrer leur vraie nature et de risquer précisément d'être délaissés. Il arrive aussi que certains jaloux démontrent clairement leur insécurité et leur immaturité émotionnelle en agissant comme de grands bébés.

Une relation saine où l'on sait «vivre et laisser vivre» ne comporte pas de jalousie. Les couples heureux que je rencontre me disent qu'on retrouve à la base de leur relation harmonieuse de la confiance, de la communication, du respect, de l'amitié et de l'amour. As-tu ce qu'il faut pour vivre une belle relation d'amour?

Cependant, garde espoir, même si ta relation est toxique, car tout peut s'arranger si tu le décides vraiment.

L'INFIDÉLITÉ SEXUELLE ET AFFECTIVE

*D*e nos jours, on admet plus volontiers que les femmes, au même titre que les hommes, puissent éprouver une attirance sexuelle qui les conduise à l'adultère. Quand ça va mal entre les conjoints, plusieurs réagissent en cherchant une réponse ailleurs, dans les bras de quelqu'un d'autre.

La notion d'engagement à sens unique ne mène jamais très loin. Aussi, pour prévenir de grandes déceptions et pour évoluer sur la même longueur d'ondes, tu aurais avantage à discuter avec ton partenaire de vos attentes respectives, au tout début de votre relation amoureuse.

Qu'on l'accepte ou non, qu'elle soit fatale pour le couple ou non, la victime d'une infidélité doit être forte dans ses convictions et ne pas dépendre de l'amour de l'autre pour se sentir valorisée. En tout temps, avec un certain travail sur soi-même, toute personne trompée devrait être capable de préserver son estime personnelle et sa confiance en elle. Trop souvent cependant, elle se détruit en se comparant sexuellement à l'autre personne impliquée et en imaginant sans cesse son conjoint en train de vivre ses ébats dans ce scénario sexuel où il a été infidèle. Ces pensées blessantes et intolérables peuvent dominer sa vie à un tel point qu'elle en perdra totalement le goût de vivre.

On voit aussi fréquemment des victimes d'infidélité affligées d'un problème d'insomnie, et parfois leur tristesse est si énorme qu'elles n'ont plus d'appétit, ni pour la nourriture ni pour la soif de vivre. Et cette haine qu'elles entretiennent et nourrissent au fond d'elles-mêmes peut leur attirer des problèmes de santé majeurs. Dans certains cas, leur souffrance est tellement insoutenable que ces victimes optent malheureusement pour le suicide.

Nombreux sont ceux et celles qui se réveillent un beau matin ne sachant plus trop qui ils sont, perdus et désespérés par leur déception amoureuse. Bien sûr, il n'est pas facile de réagir positivement devant un geste qui nous a blessé très profondément. Mais en y réfléchissant bien et froidement, que l'autre nous aime ou nous hait, qu'il nous respecte ou nous méprise, cela ne devrait pas nous enlever quoi que ce soit sur le plan personnel. Il ne faut jamais cesser de t'aimer toi-même, peu importe la gravité de la blessure morale ou physique. L'amour de soi est ce sentiment puissant qui te garantit de retrouver ton équilibre intérieur. On dit qu'un homme qui est victime d'infidélité se sent menacé dans sa virilité, alors que la femme se sent menacée sur le plan sentimental.

Il existe d'ailleurs une autre forme d'infidélité qui ne mène pas nécessairement à une intimité sexuelle. Je vous parle ici de l'infidélité affective. On ne peut nier qu'il n'est pas toujours facile de distinguer la gentillesse de la séduction. Il y a des personnes avec qui on partage plus d'affection qu'avec notre propre conjoint.

On est porté à se rapprocher de ces êtres pour qui on ressent une telle attirance, quelquefois trop, au point de développer une amitié exclusive et intense pour compenser le manque de tendresse dans sa relation amoureuse. Ce qui, au départ, était une simple relation d'amitié et d'affinité peut alors se transformer tout bonnement en amour. Trop souvent, l'infidélité sexuelle est précédée par une infidélité affective, où l'on se met parfois même à fantasmer sur ce que ça pourrait être si cette relation amicale évoluait.

Observe tes propres comportements avec tes amis et vois si tu n'as pas déjà franchi cette ligne si ténue en manquant alors de respect à ton partenaire actuel. Comme on le remarque, l'infidélité n'est pas simplement sexuelle, elle se retrouve sur le plan affectif aussi. Mais terminons sur une note positive, car faire l'expérience de l'infidélité peut parfois être considéré comme une occasion de se prendre en charge, de se regarder objectivement et de bâtir une relation plus intense et plus durable.

En effet, les relations amoureuses, à tous les niveaux, ne sont pas toujours faciles à comprendre et à vivre. Quand on accepte cette vérité, on accepte aussi plus aisément les épreuves qu'on rencontre en cours de route.

POURQUOI LES GENS SABOTENT-ILS LEUR RELATION AMOUREUSE?

Trop souvent, je rencontre des gens qui ont mis un terme à une relation amoureuse simplement par réaction inconsciente. Et en quoi cette réaction est-elle inconsciente? C'est que leur départ ou leur rupture sont motivés par une peur ou une blessure quelconque, mais tout cela est indépendant de leur propre volonté. Ils me disent vouloir partir mais leur cœur ressent et crie le contraire. Ce genre de contradiction dans les réactions est souvent le théâtre de situations de va-et-vient relationnels qui contribuent à insécuriser les couples dans leurs relations.

Si tu as décidé de rompre avec ton partenaire, il est important ici de comprendre vraiment ce qui te motive à le quitter afin que ton choix soit axé réellement sur tes désirs et non sur des réactions imprégnées dans ton inconscient. Pourquoi serais-tu la marionnette de ton passé? Ton passé n'égale pas ton présent. Et comme il vaut toujours mieux prévenir que guérir, la première étape pour qu'une blessure se cicatrise consiste à la reconnaître pour en être conscient afin de minimiser les conflits dans ta vie amoureuse.

Permets-moi de t'énumérer plusieurs scénarios où certaines personnes ont des réactions inconscientes qui contribuent à saboter leur relation et qui vont vraiment à l'encontre de leur désir profond.

- Plus la blessure de rejet est forte chez une personne, plus elle a tendance à attirer le genre de circonstances pour rejeter les autres ou pour être rejetée.

- Plus la blessure d'abandon est douloureuse, plus la peur d'être abandonnée est présente. Ainsi, une personne vivant avec cette peur peut-elle renoncer à une relation pourtant saine, simplement par crainte qu'on l'abandonne un jour ou l'autre. Tant de conjoints abandonnés et blessés ont dû vivre ce déchirement sans comprendre pourquoi, et l'incompréhension devant un tel geste a provoqué chez eux la peur d'aimer, puis d'être laissés-pour-compte... et le cycle s'est poursuivi en ce sens.

- Il y en a d'autres qui manquent tellement d'estime d'eux-mêmes qu'ils sont incapables de croire qu'ils méritent un conjoint aussi intéressant, et alors ils mettent fin à leur relation croyant qu'ils ne sont pas à la hauteur.

- Et que dire de ces gens qui traînent comme un boulet une culpabilité insupportable? Ils se sentent si coupables d'avoir été infidèles qu'ils en viennent à quitter leur conjoint souvent par jalousie; comme ils ont trompé leur conjoint, ils ont souvent peur qu'on leur rende la pareille et d'être trompés. On appelle ce comportement réactionnel de la projection.

- Il y a aussi le cas typique de la personne qui cherche à être aimée mais qui est elle-même terrorisée à l'idée d'aimer. Sitôt qu'elle a l'impression d'avoir rencontré le conjoint idéal, elle se sauve à pas de géant pour ne pas être blessée. Son cerveau a enregistré le message que l'amour est synonyme de souffrance.

- Il y a aussi ceux qui sabotent leur relation dans le but de blesser leur conjoint par esprit de vengeance. Ils pensent que la solution, c'est de répliquer par la loi du talion: «Œil pour œil, dent pour dent», croient-ils.

- Et puis il y a ceux pour qui la simple peur de l'engagement ou du mariage est assez forte pour faire déguerpir le plus fervent des amoureux.

- Il y a également des gens immatures sur le plan émotionnel qui sont incapables d'affronter les épreuves de la vie et qui préfèrent plutôt s'enfuir tandis qu'il en est encore temps. Trop souvent, ils agissent de la même façon dans leur relation amoureuse et s'échappent au premier obstacle venu.

- On retrouve aussi des gens qui ont une peur morbide des responsabilités et qui quittent leur conjoint à la naissance de leur enfant. J'ai même vu ce phénomène se produire alors que le couple avait fait l'achat d'une maison familiale et que l'hypothèque représentait une responsabilité trop importante pour l'un des deux partenaires. Alors, il a préféré se défiler.

- Il existe un autre scénario qui provoque beaucoup de stress et de peurs, c'est le fait d'être aimé par un parent alcoolique ou d'être en relation amoureuse avec un conjoint qui souffre de ce problème. C'est extrêmement difficile à vivre car un alcoolique change d'humeur selon la quantité d'alcool qu'il ingurgite, et cela se traduit aussi dans sa façon d'aimer. Pendant un moment, il nous aime; quelques minutes plus tard nous le laissons totalement indifférent; ou il se met soudain à nous détester pour un rien. C'est pourquoi l'alcoolisme est une cause majeure qui explique plusieurs divorces. Pendant longtemps, on a pensé que l'alcool affectait simplement la santé de l'alcoolique. De nos jours, on traite en thérapie plus de gens qui ont vécu avec un alcoolique que l'alcoolique lui-même.

Tout bien considéré, si tu décides de te séparer de ton conjoint un jour, assure-toi que ton choix est le fruit d'une réflexion et d'une action conscientes et non d'une réaction inconsciente à un passé trop lourd. S'il est déjà trop tard pour cette relation, il n'est jamais trop tard pour apprendre de tes erreurs.

LA HAINE EST DÉVASTATRICE

Je ne crois pas me tromper en affirmant que l'amour est bien le dernier sentiment que tu veuilles exprimer à quelqu'un qui t'a trahi. Cependant, si tu nourris une haine intérieure pour ton conjoint, et si tu refuses de lui pardonner et de reprendre le cours normal de votre cheminement ensemble, alors vous gâcherez votre vie de couple.

Je suis persuadé qu'en ce moment même, tu arrives facilement à te rappeler un incident vécu avec ton partenaire – un événement si blessant et si dévastateur qu'à son seul souvenir les larmes te montent aux yeux et la rage au cœur. En choisissant d'entretenir ta colère contre cette personne, tu deviens prisonnier de cette émotion et l'énergie néfaste qu'elle entraîne commence à dominer ta vie.

Comment peut-il être possible d'aimer et d'être aimé quand ton cœur est rempli d'autant de ressentiments? Ton incapacité à pardonner pour des actes destructeurs commis par le passé, que ce soit à ton partenaire ou à toi-même, est un cancer qui ronge à coup sûr ta relation amoureuse et mine ton amour-propre. Ta rage envers ton partenaire te consume au point où une petite étincelle suffit à t'enflammer pour des riens. Cette rage intérieure peut même occasionner un déséquilibre physique et affecter ta santé.

On voit souvent des gens dont le cœur est plein de rancunes éprouver une fatigue chronique, car ils sont incapables de bien dormir: leur esprit est trop tourmenté. Tu peux aussi souffrir de violents maux de tête, de problèmes respiratoires et même de troubles cardiaques. Tous ces maux sont causés par le stress qui perturbe ton esprit, et ce, la majeure partie de ta journée parfois. Certaines personnes sont tellement torturées par la haine qu'elles ne peuvent même pas regarder une émission de télévision sans qu'un élément du programme déclenche des souvenirs de cette souffrance qui les dévore de l'intérieur.

Dans une telle situation, tu dois t'élever au-dessus de toi-même et pardonner à la personne qui t'a blessé, par amour pour toi-même. Ce pardon, tu ne l'accordes pas d'abord à cette personne, ce pardon est avant tout pour toi. En effet, pardonner est un cadeau que tu te fais à toi-même pour te libérer des émotions refoulées qui emprisonnent ton bonheur.

Je crois que le taux élevé des divorces aujourd'hui est en partie relié au fait que les gens ne savent pas ce qu'est le pardon. Il est primordial d'en comprendre tous les aspects avant de pouvoir passer à l'action et de pardonner sincèrement. Le pardon n'est pas toujours facile à accorder ou à obtenir, mais il est toujours possible quand on le veut vraiment. Quand on comprend totalement ce qu'est le pardon, on saisit aussi que seuls les gens immatures ne parviennent pas à pardonner.

Trop souvent, je vois des êtres qui préfèrent rester victimes de leur passé douloureux pour démontrer à leur conjoint à quel point ils ont mal agi. Cette forme de manipulation va empêcher l'évolution de votre couple et, en moins de temps qu'il ne faut pour le dire, tu feras toi aussi partie des statistiques de divorce, si ce n'est pas déjà le cas.

COMPRENDRE LE PARDON

Après plusieurs années de conférences, je constate bien que la plupart des gens n'ont jamais appris réellement ce que veut dire pardonner. J'ai rencontré tellement de gens qui croyaient pouvoir se guérir de leurs blessures intérieures en entretenant dans leurs cœurs un désir de vengeance contre ceux qui les avaient trahis. Mais ce n'est pas cela pardonner! Pardonner, c'est une affaire personnelle, un geste intime, et tu n'as même pas à informer les gens concernés que tu leur as accordé ton pardon. En fait, on peut même dire que le pardon est un acte égoïste, car c'est une démarche que tu fais avant tout pour toi seul et pour ton propre bien-être.

En effet, le pardon est un signe d'amour que tu te manifestes à toi-même, car il te permet de libérer toutes ces émotions néfastes enfouies dans ton cœur, dans tes pensées, et qui te font souffrir depuis trop longtemps. Pardonner, ce n'est pas donner raison aux gens qui t'ont blessé, bien au contraire, le pardon te détache émotivement d'eux afin de ne plus les laisser te contrôler.

N'oublie jamais que si tu hais une personne, tu deviens ni plus ni moins son esclave. Tes pensées et ton cœur sont alors constamment plongés dans une souffrance intolérable et ton esprit est forcément malade;

tout cela résultant des fruits pourris de cette haine non pardonnée.

Le pardon est la route la plus droite et la plus directe pour retrouver ton équilibre intérieur. Pour t'aider à pardonner, tu dois essayer de comprendre – en faisant preuve d'une certaine empathie –, qu'il n'existe pas de gens méchants mais plutôt des êtres qui souffrent. Car une personne qui en blesse une autre, soit par ses actions ou par ses paroles, est à coup sûr quelqu'un de déjà meurtri et qui extériorise son mal en offensant les autres.

Grâce au pardon, j'ai vécu personnellement de très beaux moments, lors de mes conférences. J'ai reçu comme participants des centaines de personnes que j'avais accusées de divers crimes, alors que j'étais policier. J'ai aidé aussi plusieurs collègues qui m'avaient dévalorisé et jugé à la suite de mon départ du corps policier.

Dans un cas en particulier, j'ai partagé et vécu beaucoup d'émotions avec un homme qui, par le passé, avait eu l'intention de me tirer avec son pistolet lors d'une arrestation où la drogue était en cause. À sa sortie de prison, il est venu m'écouter en conférence pour chercher à améliorer sa vie. Je l'ai accueilli à bras ouverts car je savais quel avait été son passé et je comprenais fort bien sa souffrance. Sa présence était pour moi un cadeau et jamais je n'oublierai la confiance qu'il m'a faite. Maintenant, lors de certaines conférences, cet homme vient à l'occasion témoigner des bienfaits que le pardon a apportés dans sa vie.

Je sais que je ne suis pas parfait, alors je me dis que je n'ai pas le droit d'attendre la perfection des autres, car l'erreur est humaine. N'oublie pas qu'on ne vient pas au monde jaloux, violent ou meurtrier, on le devient après avoir accumulé toutes sortes de souffrances mal gérées.

En outre, le pardon n'est pas non plus synonyme de stupidité ou de bonasserie. Si tu pardonnes à ton mari son infidélité pour la huitième fois et que cela te déchire le cœur à chaque fois, tu as sûrement quelque chose à comprendre. Tu n'es pas obligée de poursuivre cette relation. Tu as d'autres choix. À toi d'en prendre conscience. D'autre part, certaines personnes ne parviennent même pas à pardonner, car le pardon exige de la maturité et un dépassement de soi.

L'EXERCICE DU PARDON

*É*tant donné que nous venons de parler du pardon, tu en connais désormais un peu plus sur les principes et les bienfaits qu'il procure. À toi maintenant de prendre la décision de pardonner en réalisant cet exercice. Si tu souhaites pardonner à quelqu'un d'autre ou à toi-même, voici les étapes à suivre. Ce travail de croissance personnelle peut prendre plusieurs semaines et il est très important que tu suives toutes les étapes pour vraiment bénéficier du plein processus thérapeutique de cet exercice. Il pourrait changer ta vie pour le mieux.

1. Rédige une liste de tous les gens qui t'ont blessé.

2. Compose-leur une lettre à chacun et exprime-leur toutes les émotions négatives que tu ressens à leur égard pour libérer les non-dits de ton cœur.

    Note importante: ne donne ces lettres à personne, garde-les pour toi seulement et elles deviendront un outil de travail pour t'aider à pardonner plus tard.

3. Dresse aussi une liste de tous les gens que tu as blessés.

4. Écris-toi ta propre lettre dans laquelle tu décris toutes les émotions négatives que tu entretiens vis-à-vis toi-même, pour déplorer tout le mal que tu as

fait toi aussi à toutes ces personnes. Exprime tout le mécontentement que tu éprouves envers toi-même.

5.   Une fois que toutes tes lettres sont écrites, relis-les à haute voix, seul ou en présence d'une personne en qui tu as confiance.

6.   Sors ensuite à l'extérieur et brûle toute ces lettres pour couper symboliquement tout lien avec ton passé. C'est pour toi un nouveau départ.

7.   Ensuite, tiens-toi debout pour lire tout haut la déclaration de pardon suivante:

> *«Mon Dieu, donne-moi la sérénité*
> *d'accepter les choses que je ne peux changer;*
> *de changer les choses que je peux*
> *et la sagesse d'en connaître la différence.»*

> *Mon Dieu, donne-moi le courage et la sagesse*
> *de pardonner à tous ces gens souffrants qui m'ont blessé,*
> *car je comprends maintenant aujourd'hui*
> *que je dois leur souhaiter de l'amour pour en recevoir en retour.*

> *Mon Dieu, donne-moi le courage et la sagesse*
> *de finalement me pardonner*
> *pour tous ces gens que j'ai pu blesser,*
> *et pour tout le mal que je me suis causé par le fait même.*

> *Je suis convaincu maintenant à présent*
> *que j'étais souffrant et non méchant.*
> *Et que moi aussi j'ai le droit d'être bien,*
> *que je mérite le bonheur,*
> *car dans le fond de mon cœur blessé,*
> *je suis tout simplement un petit enfant qui a mal.»*

> Amen.

Si tu te libères des souffrances qui te hantent, tu te donnes sans contredit de l'amour à toi-même. Je te souhaite de pratiquer cet exercice du pardon quotidiennement s'il le faut, ou du moins chaque fois que tu seras blessé par une personne souffrante. Je t'encourage à mettre également de la sérénité dans ton cœur pour améliorer ta vie. Si apprendre à pardonner a pu t'aider, pourquoi ne pas en parler avec tes amis qui peuvent avoir eux aussi besoin d'équilibre intérieur?

L'INFIDÉLITÉ: ÊTES-VOUS UN COUPLE «À RISQUE»?

Voici six questions simples pour déterminer si tu es considéré comme étant «à risque» d'être infidèle à ta relation amoureuse.

1. Occupes-tu un emploi à l'extérieur de chez toi?

Comme les statistiques tendent de plus en plus à le démontrer, de 60 à 70 % des aventures extraconjugales ont d'abord commencé par une rencontre en milieu de travail. Ou si ce n'est pas sur les lieux de travail, c'est lié indirectement, dans la mesure où ces huit heures passées en dehors de la maison t'amènent à côtoyer plusieurs personnes et à échanger avec elles; que ce soit dans l'autobus, au restaurant, dans l'ascenseur, au téléphone, etc.

2. As-tu déjà été infidèle par le passé?

Il est prouvé que l'être humain qui a été infidèle – même s'il s'est repenti et est supposé apprendre de ses erreurs – a parfois plutôt tendance à satisfaire de nouveau son penchant immoral, surtout si cela ne lui a pas déplu la première fois. J'ai entendu la même chose de la part de plusieurs criminels qui, après avoir commis deux ou trois fois le même crime, me disaient ne plus éprouver aucune culpabilité malgré leurs offenses, et que la criminalité faisait maintenant partie intégrante de leur mode de vie.

3. Est-ce que tu manques d'estime de toi-même?

Une personne qui manque d'estime de soi entretient une piètre image d'elle-même. Un compliment, un regard ou de belles paroles peuvent lui faire tellement de bien, au point qu'elle décidera d'accorder toute son attention et de nourrir toutes sortes d'attentes envers la personne qui l'a complimentée. Elle se placera alors en position de vulnérabilité. Trop souvent on entend les gens infidèles dire qu'ils voulaient simplement se sentir valorisés et importants aux yeux d'autrui.

4. Es-tu un dépendant affectif?

Une personne souffrant de dépendance affective est nécessairement en déséquilibre, aussi cherche-t-elle à combler son manque d'amour-propre et son vide intérieur par plusieurs méthodes toxiques. Certaines utilisent fréquemment l'alcool, la nourriture, les drogues, l'affectivité et le sexe, entre autres, pour un soulagement temporaire et pour compenser.

5. Vis-tu une dépendance sexuelle?

Contrairement à ce que l'on pense, la dépendance sexuelle est proportionnellement aussi présente chez la femme que chez l'homme. Cette dépendance, autant d'ordre physique que psychologique, peut amener la personne qui en souffre, à toujours être en attente ou à la recherche de la prochaine conquête sexuelle. Un tel désir sexuel peut même être si fort qu'il va pousser la personne à vouloir le satisfaire à tout prix, quitte à en perdre quelque peu la raison.

6. Ton conjoint t'a-t-il déjà été infidèle par le passé?

Trop souvent, on dit qu'on lui a pardonné mais cependant on n'oublie pas. Alors, à charge de revanche, on lui rend la pareille et on se permet semblable humiliation en prétextant qu'on ne peut pas offrir à une personne cet amour qu'elle ne nous donne pas elle-même. Mais quelle satisfaction en retire-t-on au bout du compte?

Si tu te reconnais dans certaines caractéristiques des gens «à risque» d'être infidèles, l'important ici est de te rappeler que l'amour de soi et le respect que tu accordes à ta relation de couple sont très significatifs et devraient motiver tes actions. Je crois sincèrement qu'un être humain est victime de ses propres tentations et qu'il a fortement tendance à fabuler dans ses pensées autour de ses désirs inassouvis, préparant ainsi toute rechute. Garde toujours le contrôle de ton esprit et pratique-toi plutôt à répéter des pensées positives afin de minimiser les risques de succomber à la tentation.

L'infidélité peut démolir en peu de temps la valeur et l'estime que l'on a de soi-même. Si ton conjoint t'a été infidèle, il est tout à fait normal que cet acte regrettable te transperce tel un poignard et que ta souffrance soit énorme. L'infidélité d'un conjoint que l'on aime est l'un des traumatismes psychologiques les plus éprouvants à vivre. Ne laisse pas cette souffrance s'emparer de toi sans réagir sinon elle te rongera. Efforce-toi le plus possible d'exprimer cette douleur, de la gérer, de t'en libérer, et surtout de parvenir à pardonner. Le pardon n'est pas ici synonyme d'ignorance et sois conscient que tu peux choisir aussi de mettre un terme à cette relation.

Selon moi, il n'en demeure pas moins que pour éviter une telle peine, l'exclusivité sexuelle reste la norme dans toute relation conjugale saine.

RETROUVER L'ÉQUILIBRE
APRÈS UNE RUPTURE AMOUREUSE

Aimer et être aimé, voilà deux besoins fondamentaux dans la vie, et je souhaite à tout le monde de les vivre. Oui, c'est beau l'amour, mais à quel prix? Je crois que l'important est de se demander d'abord si on est heureux tout simplement. Tant de gens se cherchent en adoptant la fausse croyance qu'ils peuvent être heureux seulement s'ils vivent une relation amoureuse avec quelqu'un. Quelle catastrophe de penser qu'on doit absolument avoir un conjoint pour être heureux! Cette perception ne peut mener qu'à des déceptions et à un malheur plus profond encore. Aimer quelqu'un ne devrait pas s'avérer un besoin mais un choix. Si tu te sens triste et perdu suite à une rupture amoureuse, voici quelques conseils pratiques pour retrouver ton équilibre intérieur.

Pour l'instant, tu dois aider ton esprit à rester positif et à ne pas sombrer dans des pensées blessantes. Je te suggère de parler de tes sentiments à un confident en qui tu as confiance pour libérer tes émotions refoulées. Sors de ta maison et fais-toi plaisir, va par exemple au restaurant ou au théâtre seul. Il est très important de commencer à apprivoiser ta solitude, d'autant plus si tu ne l'as jamais fait de ta vie. Avant d'être bien avec une autre personne, il est primordial que tu sois bien avec toi-même. Trouve-toi des activités comme le sport, la marche, une balade en voiture, etc., pour apprendre petit à petit à vivre seul avec toi-même et non à survivre.

Il n'est pas toujours facile de se retrouver seul après une rupture amoureuse, surtout si on est dépendant affectif. Souvent on cherche à combler ce vide intérieur avec de l'alcool, du sexe, de la drogue, ou simplement en nouant une autre relation temporaire pour éviter de vivre pleinement son deuil. Mais tu peux vaincre cette peur de rester seul si tu l'affrontes vraiment.

Un participant m'a demandé de lui faire une ordonnance pour l'aider à retrouver son bonheur suite à une rupture amoureuse douloureuse. Il n'avait pas d'enfants et sa copine était partie avec un autre. Je lui ai demandé s'il était prêt à s'engager à faire ce que je lui proposais et il m'a assuré que oui. Je lui ai donc remis les huit petits conseils à suivre que voici:

1. Entreprends une cure de désintoxication physique et émotionnelle, c'est-à-dire, n'aie aucun contact avec ton ex-copine pour les trois prochains mois.

2. Élimine de ta vue les déclencheurs de souvenirs tels que les photos, les cadeaux et même les bijoux qui proviennent d'elle.

3. Essaie de ne pas penser à elle, sauf si c'est pour lui souhaiter du bien.

4. Écris-toi une lettre d'amour chaque jour pendant 21 jours.

5. Entoure-toi d'amis positifs.

6.   Fais une activité nouvelle qui t'apportera du plaisir.

7.   Permets-toi de pleurer si tu en éprouves le besoin.

8.   Apprends à t'aimer un peu plus chaque jour.

Eh bien, cette ordonnance a été salutaire et elle a très bien fonctionné, tant et si bien que peu de temps après, il a retrouvé son bonheur. Il m'a confié par contre que les deux premières semaines de solitude avaient été plus pénibles pour lui qu'au moment où il a cessé de consommer de la drogue quelques années auparavant.

Apprendre à être bien seul avec toi-même, après une rupture, n'est pas toujours évident, mais c'est possible avec un peu de patience et de courage. N'aie pas peur d'avoir mal en vue de grandir et pour pouvoir vivre un avenir meilleur. Fais-toi confiance!!!

LES CINQ ÉTAPES
D'UN DEUIL AMOUREUX

Vivre un deuil amoureux n'est pas toujours facile, surtout si l'on ne connaît pas le processus de guérison. Les gens qui ont peur d'éprouver cette souffrance essaient habituellement de remplacer l'être aimé par un nouvel amour le plus tôt possible. Cependant, pour bien guérir ta blessure amoureuse, je te suggère fortement de rester seul au moins trois mois et de vivre pleinement ta solitude avant de t'engager de nouveau.

À la suite d'une peine d'amour, voici les cinq étapes que tu auras à supporter pour parvenir à en guérir:

1. *La négation:* À cette étape, tu ne veux pas croire ni même voir que ta relation est rompue. Il est important ici d'être honnête avec toi-même et de t'avouer les faits tels qu'ils le sont en réalité. Si ta relation est bel et bien finie, alors, aussi brutal que ça peut te paraître, il faut quand même avancer et passer à autre chose. N'oublie pas: c'est ta relation qui est terminée et non ta vie.

2. *La colère:* À ce point-ci, tu peux être en colère contre tout le monde, incluant toi-même, du fait que cette relation a pris fin. Je te suggère de parler de ta colère

à un confident autre que ton ex-amoureux. Exprimer tes émotions refoulées de vive voix à quelqu'un qui te respecte te permet de t'en libérer.

3. *La tristesse:* C'est l'étape où la tristesse t'habite et qu'une certaine forme de déprime t'envahit. Tu peux perdre l'appétit, n'avoir plus le goût de travailler, et tu peux même devenir antisocial. Il peut aussi t'être difficile de te sortir du lit le matin. Je te conseille de faire des activités que tu aimes et de t'entourer de vrais amis empathiques pour éviter de sombrer dans la dépression.

Fais-toi plaisir, va au restaurant tout seul, et gâte-toi un peu. Ne reste pas accroché à ton rôle de victime car, dans ces conditions, ton amour de toi-même ne peut pas évoluer. Retrousse tes manches et fais un pas de plus chaque jour.

4. *L'acceptation:* C'est seulement après être passé par toute la gamme de tes émotions que tu peux vraiment franchir cette nouvelle étape et admettre ta perte. Tu réalises alors que tu dois nager avec le courant de la vie, et surtout, que ta vie continue.

5. *La renaissance:* Tu continues de vivre en estimant maintenant que cette nouvelle épreuve fait partie de ton passé. Tu retrouves ton équilibre intérieur et ta joie de vivre.

Parfois, c'est seulement après avoir vécu toutes sortes d'émotions contradictoires qu'on arrive à comprendre qu'il vaut mieux au fond que cette relation soit vraiment terminée. La vie nous fait parfois des cadeaux déguisés sous forme d'épreuves.

Tu veux peut-être rencontrer à tout prix un nouvel amour pour alléger ton mal. Eh bien je t'encourage avant toute chose à bien vivre ton deuil amoureux afin de repartir du bon pied et d'aimer par amour et non par transfert d'amour. Vivre sa solitude et sa blessure n'est pas toujours facile, surtout quand ça ne t'est jamais arrivé, mais il y a toujours une première fois à tout.

Une relation d'amour devrait être un complément à ta vie et non un poids.

LA FATIGUE ET L'HYPOGLYCÉMIE: DEUX GRANDES RAVAGEUSES POSSIBLES DE TA VIE DE COUPLE

Si ton conjoint est toujours fatigué, c'est vraiment l'un des aspects les plus ennuyeux d'une relation de couple. Son manque d'enthousiasme et d'énergie est à ce point désespérant qu'il peut en arriver à te déprimer. Dans certains cas de fatigue chronique, son problème n'est pas attribuable à un manque d'énergie mais plutôt au fait qu'il ne libère pas assez l'énergie qu'il possède déjà. En vérité, la raison de son attitude amorphe, c'est peut-être tout simplement qu'il n'aime pas son mode de vie ou même sa relation d'amour présente.

Lors de mes conférences, j'ai pu entendre plusieurs témoignages de gens qui me disaient combien leur conjoint avait changé du tout au tout et que son comportement s'était détérioré en quelques mois à peine. Ils me partageaient à quel point leur partenaire était devenu du jour au lendemain toujours trop fatigué pour participer à des activités de couple. Après avoir discuté avec ces conjoints qui se disaient régulièrement si épuisés, j'ai constaté que plusieurs d'entre eux avaient perdu tout intérêt pour leur relation amoureuse, que c'était justement cette relation qui les ennuyait et, par conséquent, cela les exténuait. Car tu le sais comme moi, tout le monde peut toujours trouver en soi des réserves d'énergie pour faire des activités agréables.

Par le passé, étant policier, j'ai moi-même observé plusieurs confrères trop surmenés pour travailler sur une enquête criminelle mais qui ne manquaient jamais d'énergie pour les repas au restaurant ou des activités plus stimulantes. Selon une étude menée par l'université de Harvard, dans 90 % des cas, la fatigue n'est rien d'autre que de l'ennui mental. Tu as sûrement déjà vu un éternel fatigué qui, après sa séparation, trouve désormais le temps et l'énergie de sortir et d'aller danser tous les soirs, ou presque, avec sa nouvelle copine. Il est toujours plus facile de te sentir énergique et enthousiaste quand tu fais quelque chose que tu aimes.

Oui, je te l'accorde, c'est possible aussi que ta fatigue soit plus physique que mentale. Tu exiges peut-être trop de toi-même ou tes pensées sont peut-être particulièrement encombrées par des problèmes non gérés qui te préoccupent. Il ne faut pas oublier que le stress créé par des émotions mal canalisées peut siphonner totalement ton énergie. Dans de telles situations, comme en font foi des épisodes de mon passé, l'hypoglycémie se met de la partie et t'envoie justement ce message: «Tu dois prendre le temps de t'aimer davantage et de penser à toi.»

De plus, comme je viens tout juste de le mentionner, je suis convaincu que l'hypoglycémie est l'un des facteurs responsables de nombreux divorces ou séparations chaque année. À preuve, une personne qui en est atteinte connaît des sautes d'humeur inexplicables qui surgissent lorsque le taux de glucose circulant dans son sang est inadéquat et empêche donc le cerveau de bien fonctionner. Par conséquent, il n'est pas rare de voir des gens qui en sont affectés éprouver des rages de sucre soudaines, comme s'ils étaient en manque – ce qui est en fait une réaction plutôt courante et qui contribue à rétablir dans ton corps un certain équilibre physique.

Ainsi, une personne reconnue habituellement pour sa douceur, manifestera tout à coup de l'agressivité dans ses paroles ou posera des gestes hostiles et provoquera quotidiennement des querelles sans aucune raison apparente. Des milliers de personnes comme moi ont vu la lumière au bout du tunnel lorsqu'elles ont appris que leur alimentation était la cause première de cette insuffisance de glucose dans leur sang.

En ce qui me concerne, il était trop tard pour sauver ma vie de couple. Fâcheuse coïncidence, ma copine à cette époque-là souffrait elle aussi d'hypoglycémie, alors tu peux sans doute imaginer les problèmes de communication et surtout d'incompréhension avec lesquels nous devions composer en plus de notre état d'âme instable.

De plus, l'hypoglycémie est un cri à l'aide que ton corps te lance pour que tu changes tes habitudes alimentaires et même tes pensées. C'est la façon de ton corps de te dire de prendre soin de toi et de t'aimer davantage. Le stress et le surplus de travail sont des tensions très communes chez les hypoglycémiques. On pourrait également suspecter l'hypoglycémie chez toi si l'un de tes parents est diabétique. Voici une série de symptômes typiques de cette maladie qui la décrivent brièvement:

1. J'ai des rages de sucre.

2. J'ai parfois la vue embrouillée.

3. Je n'arrive pas à me décider facilement et je manque de concentration.

4. Je suis souvent fatigué.

5. Je suis déprimé et j'ai parfois le goût de pleurer sans raison.

6. Lorsque j'ai faim, je me mets à trembler.

7. Je fais de l'insomnie.

8. Je deviens facilement violent pour des riens.

9. J'ai parfois des sueurs froides ou des bouffées de chaleur.

10. J'ai le goût de dormir pendant la journée ou après les repas.

11. J'ai parfois le sentiment que je vais devenir fou.

12. Je vis du stress.

Si tu te reconnais dans certains de ces symptômes et que tu veux en savoir plus sur cette maladie, je te suggère de communiquer avec Marie Julie Lauzon, N.D., conseillère en nutrition au (514) 720-2334 ou au (514) 596-1221. Je t'assure qu'il y a de l'espoir pour toi et que tu peux remédier sans problème à toute carence alimentaire. En effet, depuis que j'ai modifié mon alimentation, je jouis d'une santé physique et mentale ainsi que d'un bien-être intérieur tout à fait merveilleux.

En outre, quand tu ne laisses pas la fatigue prendre le dessus, que tu te reposes et fais tout ce qu'il faut dans l'optique de t'aimer davantage, il est toujours plus facile d'aimer les autres et de vivre des relations saines avec les gens qui t'entourent. Quand ton corps te parle, il est primordial de l'écouter.

RAVIVER
LA
FLAMME

AS-TU PERDU L'AMOUR ROMANTIQUE?

Pendant les premiers mois d'une nouvelle fréquenta-
tion, toutes les petites attentions dont on t'entoure
suscitent en toi un merveilleux sentiment d'amour romantique. Tu te sens tellement aimée et choyée, car ton
nouveau conjoint va toujours au-devant de tes désirs
pour te rendre la vie plus facile en te comblant de fa-
veurs, et c'est parfois sans limites.

Ainsi, avec toutes ces petites surprises spontanées
qui se multiplient, ta nouvelle vie devient alors un sujet
de discussion agréable dont il fait bon pouvoir te vanter
à tes proches. Par exemple, si ton conjoint décide de
t'amener à la campagne pour faire de l'équitation, puis
t'invite au restaurant par la suite, et que, pour couronner
le tout, vous allez danser jusqu'aux petites heures du
matin; ça vaut la peine de le raconter aux autres.

Cependant, il arrive parfois qu'on ait droit à autre
chose quand on rencontre ce même couple six mois plus
tard et qu'on les entende parler de sorties, disons
quelque peu différentes. En fait, quand vos divertisse-
ments se résument à aller à l'épicerie ou à la banque, et
que votre activité la plus exaltante est de vous asseoir devant votre téléviseur, télécommande à la main, jusqu'au
moment d'aller vous coucher, ça sort beaucoup moins de

l'ordinaire et ça ne vaut vraiment pas la peine de le crier sur tous les toits.

Cette façon d'en mettre d'abord plein la vue ressemble beaucoup au comportement du dépendant affectif qui veut à tout prix créer un lien d'attachement émotionnel pour nourrir son besoin de sécurité et d'amour. Cela explique souvent pourquoi il agit ainsi au début de la relation, en cherchant à impressionner, tant et si bien que tout semble trop beau pour être vrai. Il n'est pas rare d'ailleurs que les gens soient en amour bien plus avec la passion que leur procure cette nouvelle relation qu'avec le conjoint lui-même. On dit de ces gens qu'ils sont en amour avec l'amour, comme d'autres sont en amour avec la passion sexuelle qu'ils éprouvent l'un pour l'autre.

C'est pourquoi la distinction entre l'amour et la dépendance sexuelle est importante à faire pour déterminer si ta relation est saine. De plus, le fait de se réconcilier après une dispute peut parfois faire renaître l'amour romantique dans le couple, étant donné le rapprochement émotionnel que procure le pardon. Mais encore une fois il faut faire attention car, de temps à autre, ce rapprochement est simplement relié à la peur de l'abandon.

Comme tu peux le constater, il n'est pas toujours facile de distinguer l'amour sincère des illusions d'amour. Cependant, si l'amour romantique n'est plus au rendez-vous dans ta relation de couple, voici quelques petits conseils pour t'aider. Quand ton conjoint te parle, donne-lui pleinement le sentiment qu'il est important pour toi et écoute-le sans l'interrompre. Sois très attentif en le regardant droit dans les yeux. N'aie pas peur non plus de discuter de questions amoureuses ouvertement avec lui et permettez-vous de pleurer au besoin. Sois vrai, sois toi-même, sois authentique, et exprime les vraies choses clairement.

Prenez également plaisir à renouveler vos façons de vous faire plaisir, et surtout sois spontané lors de vos activités ou de vos sorties. Ne tiens plus ton conjoint ou ton amour pour acquis et agis en conséquence. Ajoute de petites touches d'attention personnelles remplies d'amour dans tes paroles et tes actions. Ce sont parfois les plus petits détails qui contribuent à créer les plus grosses différences quand il est question d'amour romantique.

ROMPRE AVEC CERTAINES ROUTINES POUR AMÉLIORER TA VIE DE COUPLE

*E*n amour, les gens sont trop souvent routiniers et perdent ainsi cette passion et cette magie qui les animaient au départ l'un pour l'autre. C'est sûr que de toujours agir de façon automatique et machinale enlève parfois de l'intérêt et de la spontanéité à la relation. Pourquoi les gens se permettent-ils de vivre beaucoup de plaisir au début de leur relation et, une fois que leur union est bien cimentée, pourquoi se mettent-ils peu à peu à s'oublier?

Il ne faut jamais tenir pour acquises ni la relation ni la personne qui partage ta vie. Si ta relation est routinière, tu peux peut-être y trouver aussi un certain réconfort, je l'admets, mais je parle plutôt ici des relations ennuyeuses. Lors de mes conférences, tant de gens me disent être mariés avec la plus belle personne du monde, mais que leur relation est devenue très monotone. «Que peuvent-ils faire?» me demandent-ils toujours.

Ma suggestion est de rompre avec certaines routines et de faire ensemble des activités différentes de celles que vous faites habituellement. L'être humain a besoin de plaisir dans la vie pour se sentir épanoui, et ce, peu importe l'âge. Le simple fait de passer des moments agréables ensemble peut aider le couple à se rapprocher et surtout à s'apprécier davantage. D'ailleurs, quand je parle de rompre avec certaines routines, je te propose en fait d'avoir un peu d'imagination. Par exemple:

1. Si tu vas chercher ta femme à son travail pour l'heure du lunch, au lieu de l'amener au restaurant comme d'habitude, prépare un pique-nique et rendez-vous dans un parc.

2. Si tu es habitué de prendre toujours ta douche tout seul le soir, détends-toi de temps à autre dans un bain avec ta femme, et profitez-en pour parler de votre vie de couple.

3. Si chacun effectue telle ou telle tâche ménagère de la vie quotidienne, échangez-les pendant une semaine, simplement pour alterner et modifier vos pratiques habituelles. Ceci devrait vous permettre de voir ce que l'autre fait et ainsi de vous apprécier davantage.

Les couples qui sont déjà bien enracinés dans une certaine routine ont souvent chacun leur propre tasse de café, leur chaise attitrée, leur côté de lit bien à eux pour dormir, leurs émissions de télévision à regarder tous les soirs, et aussi un restaurant favori auquel ils vont probablement trop souvent. Je vous suggère donc de changer un peu vos habitudes pour vous procurer de nouveaux petits plaisirs, pour agrémenter votre vie amoureuse, et surtout, pour prévenir l'ennui et ne pas faire toujours la même chose. De plus, vous habituerez ainsi votre cerveau au changement, ce qui n'est pas à négliger.

Dans la vie, pour préserver son équilibre intérieur, il est nécessaire de toujours prévoir du temps pour les loisirs. Tu mérites bien de vivre cette joie!!!

LA VICTIME RELATIONNELLE

Quand quelqu'un me dit que sa relation de couple ne fonctionne pas bien, la première question que je lui pose est la suivante: «Qu'as-tu fait récemment pour l'améliorer?» Trop souvent, à sa façon de répondre, je vois bien encore une fois que plusieurs couples décident de ne rien faire et préfèrent endurer leurs problèmes en souhaitant que tout s'arrangera avec le temps et un peu de chance. Désolé de briser tes illusions, mais cette attitude ne parviendra pas à changer les comportements destructeurs d'une relation toxique, ou si oui, très rarement. L'«endurance émotionnelle» dans une telle situation n'est pas quelque chose de positif.

Sois réaliste et pose-toi des questions sur l'état de ta relation présente afin d'en découvrir les causes. Que cette relation soit intolérable, qu'elle soit à la dérive ou même hors de contrôle, tu dois comprendre pourquoi tu en es rendu là. Il ne faut pas oublier d'ailleurs que de choisir de n'effectuer aucune démarche pour améliorer sa relation de couple en péril, c'est quand même, par définition, un choix.

Généralement, l'un des deux conjoints (parfois même les deux) adopte le rôle de victime dans son conflit amoureux et cherche à se faire plaindre. Il raconte ses histoires de déceptions, de rage et de peine à qui veut l'entendre, et c'est aussi pénible à écouter qu'un mauvais joueur de violon dont certaines cordes de l'instrument sont brisées. Tant et aussi longtemps que tu te vois comme une victime de la vie, tu ne peux pas changer. Je te suggère de cesser ton radotage sentimental et de reprendre ta vie en mains comme un être humain mature. Pour cela, il te faut d'abord vouloir améliorer ta relation, c'est certain.

Par contre, si tu souhaites améliorer ta relation mais que ton conjoint n'est pas intéressé à s'impliquer dans un tel cheminement, cela peut contribuer à empirer tes problèmes de couple, car tu seras en quelque sorte la seule personne à ramer. Je crois qu'il ne faut pas trop de «psycho babillage» pour te dire que ce qui éloigne le plus deux personnes, c'est le manque de communication entre elles, quand ce n'est pas une mauvaise communication.

N'oublie pas que si tu aimes toujours de la même façon, tu obtiendras toujours le même résultat. Si le résultat ne te convient pas, il te faut changer et réapprendre une nouvelle façon d'aimer. Lors de mes conférences, plusieurs personnes me disent: «J'aimerais être aimé davantage dans ma relation amoureuse et aussi par mon entourage». Je leur réponds tout simplement: «Si tu veux être aimé davantage, il te faut d'abord être plus aimable. L'amour est un choix et non un besoin, alors aide ton conjoint à choisir de te manifester de l'amour.»

Trop de gens tiennent leur partenaire pour acquis et refusent d'investir du temps et d'alimenter de bonnes conversations pour maintenir leur relation amoureuse

saine. Tôt ou tard, les problèmes surgiront inévitablement et, si l'on refuse de changer pour le mieux, on se
plaindra sûrement encore d'être une victime blessée de
l'amour. Pour ma part, je ne connais pas de victime de
l'amour, je connais juste des gens qui aiment mal. Prati-
quons la vertu de la compassion en tout temps, pardon-
nons les offenses passées, et effaçons la rancune de notre
cœur afin de célébrer l'amour.

RENOUER TA RELATION
AMOUREUSE

Une séparation laisse habituellement des cicatrices
émotionnelles profondes qui doivent, à mon avis,
être pansées et vraiment guéries (ou le plus possible)
avant que le couple ne songe même à renouer son engagement. Parfois, il est nécessaire de prendre un peu de
temps et de recul, à l'écart l'un de l'autre, de t'éloigner,
afin de te comprendre toi-même dans tes souffrances
émotives et tes erreurs de parcours.

Si ton désir sincère est de renouer avec ton partenaire, je te suggère d'écouter exactement ce qui motive
ce désir en toi pour ne pas te retrouver dans le même pé-
trin qu'auparavant, pour avoir obéi à une décision im-
pulsive purement réactionnelle. C'est pourquoi il est
toujours bon d'examiner avant tout avec humilité ce qui
suscite en toi un tel besoin de renouement précipité.

Tantôt, ta motivation est engendrée à la base par ta
dépendance affective, ta dépendance en ce qui a trait à la
satisfaction de tes pulsions sexuelles, pour des questions
matérielles, ou tout simplement par amour pour ton ou
tes enfants. Il y a aussi une partie de ton désir de réconci-
liation qui est stimulée par ton incapacité d'apprivoiser

ta solitude. Ceci explique aussi que certaines personnes s'empressent de rencontrer un nouveau conjoint, carrément pour ne pas être seules ou pour narguer leur ex-partenaire.

Néanmoins, je ne te cache pas que peu de couples parviennent à rebâtir une relation qui ne soit pas névrotique comme autrefois. Bien entendu, une fois que ta ligne de non-respect a été franchie, il t'est plus difficile de renouer en espérant revivre une relation saine à tous les niveaux ou presque.

De plus, le fait que tu peux pardonner à quelqu'un mais que ton cerveau n'oublie pas l'offense contribue certainement à accentuer cette difficulté. C'en est d'ailleurs souvent la cause. Pour voir si c'est en effet un problème dans ta relation de couple, observe si vous avez déjà eu plusieurs querelles répétitives de cette nature après vous être pourtant accordés le pardon l'un à l'autre.

D'autre part, je t'avoue également qu'il y a toujours un envers à cette médaille et que j'ai rencontré aussi des couples qui on su renouer leur relation et leur amour avec succès. Ils m'ont laissé entendre que, pour eux, la séparation leur avait apporté à tous deux une certaine maturité et une meilleure compréhension de leurs faiblesses respectives. Ils me disaient: «Tant qu'il y a de l'amour, il y a de l'espoir.» Il est forcément plus facile de rebâtir une relation quand les deux conjoints s'engagent à communiquer davantage et en toute franchise. Il est bien sûr primordial et sage aussi d'admettre ses propres torts et d'être conscient de ce qui a entraîné la rupture.

De plus, si tu te réconcilies avec ton conjoint, il est tout à fait normal d'éprouver un fort sentiment d'euphorie suite au renouement de votre relation. Mais ne fais surtout pas l'erreur de confondre cette joie intense avec ton désir impérieux de retrouver votre amour instantanément, comme si rien ne s'était passé.

Contrairement à ce que les gens peuvent penser, l'amour entre deux êtres qui ont été blessés ne s'attise pas aussi facilement qu'une braise ardente enflamme une simple brindille. En général, cette euphorie va s'estomper en quelques semaines tout au plus, et si tu tiens encore cette relation et la personne aimée pour acquises, le même scénario de conflit risque de se reproduire de nouveau.

Si tu y réfléchis sérieusement, cette exaltation de bonheur que tu ressens n'est-elle pas le plus souvent reliée au fait que tu es dépendant affectif et que ta peur d'être seul est maintenant écartée? Ce phénomène très courant explique pourquoi plusieurs couples décident de renouer leur relation pour des raisons qui n'ont la plupart du temps rien à voir avec l'amour. Cependant, si votre but à tous deux est de revenir réellement ensemble par amour, alors je vous souhaite de communiquer franchement, de vous respecter et de ne pas oublier de reconquérir votre amitié d'abord et avant tout.

En vérité, la question la plus importante à te poser avant de penser à renouer avec ton conjoint serait: «Est-ce que vos cœurs peuvent se pardonner mutuellement pour les circonstances qui ont provoqué votre rupture au départ?» Si ta réponse est non, vous ne pourrez vraisemblablement pas maintenir votre relation saine si vous renouez et je te suggère plutôt d'emprunter un autre chemin de vie.

LES CURES RELATIONNELLES

Dans la perspective de te comprendre davantage inté-rieurement et de réfléchir à toi-même ainsi qu'à ta relation présente, il est parfois bon d'effectuer certaines cures appropriées à tes besoins du moment. Je parle bien sûr ici d'une forme de traitement ou de méthode parti-culière que tu effectues temporairement pour te soigner et te libérer de certaines tensions en toi ou dans ta rela-tion amoureuse. C'est pourquoi j'énumère ici certaines cures possibles que je te suggère de discuter d'abord avec ton conjoint avant de les entreprendre.

La cure sexuelle

C'est souvent en choisissant de vivre une certaine période d'abstinence sexuelle que tu réussis à te re-trouver toi-même. Trop de gens se servent de la sexualité pour se réconcilier lors d'éclatement de querelles entre eux ou pour pallier ces problèmes non résolus dans leur couple. Quand la sexualité devient une forme d'évasion constante plutôt que de faire face aux problèmes à régler, voire même quand c'est une réelle dépendance, je te suggère de considérer une abstinence sexuelle totale pour un ou deux mois afin de te retrouver.

En effet, la sexualité devrait être un partage pour cé-lébrer l'amour dans ta relation de couple et non une sorte de médecine psychologique pour te faire oublier momentanément la réalité. Il est aussi avantageux de commencer une cure de désintoxication sexuelle afin d'examiner les valeurs véritables sur lesquelles les bases de votre couple sont établies.

La cure de solitude

Il est souvent plus facile de faire le point sur ta relation quand tu te retrouves seul pour y réfléchir profondément et sérieusement. Il est donc nécessaire à mon avis de te réserver un week-end exclusivement pour toi afin de vérifier où tu en es dans ton cheminement relationnel, et pour prévenir une trop grande dépendance l'un vis-à-vis de l'autre.

Trop de gens ont tendance à complètement s'oublier ou même à s'effacer aussitôt qu'ils sont en relation avec quelqu'un. Ils croient que le temps passé ensemble les rapprochera nécessairement dans leur vie de couple quand c'est parfois le contraire qui se produit. Il te faut absolument te réserver de petits moments à toi-même pour ensuite apprécier davantage ton conjoint. La solitude te permet d'évaluer cet amour que tu ressens pour ton conjoint absent. Si la solitude est en quelque sorte une peur qui t'assaille, alors engage-toi à t'investir pleinement pour prendre le temps de vivre cette peur et d'en triompher.

La cure de loisirs

Fais-tu partie de ces innombrables personnes qui ont désappris l'importance d'avoir du plaisir et de s'amuser dans leur vie de couple? Il est primordial de rire et de prendre le temps de sortir de la maison même si ce n'est que pour faire une balade en vélo. Accordez-vous un temps privilégié pour une période de loisirs, pour vous divertir et faire des activités ensemble pour décompresser. Et pourquoi pas toute la journée? Fixez-vous au moins un jour de la semaine voué aux loisirs pour ne pas que votre relation devienne trop routinière.

La cure d'affection

Il s'agit ici de vous consacrer un week-end complet afin de vous donner chacun beaucoup d'affection l'un à l'autre. Je vous suggère des massages, des soirées romantiques avec toutes les petites attentions possibles pour vous apprécier mutuellement. Déborde d'imagination pour témoigner à ton conjoint toute l'affection que tu ressens à son égard.

La cure de repos

Prendre le temps de te reposer pleinement afin de faire le plein d'énergie est aussi important que de profiter d'un sommeil réparateur. On dit que, tout comme la nuit, le sommeil porte conseil et qu'il contribue à aplanir le plus souvent les petits tracas de ta relation de couple. Quand tu es reposé, tu as les idées plus claires, tu dédramatises davantage les situations et tu arrives à en parler sans avoir les émotions à fleur de peau et la larme à l'œil comme dans les moments de grande fatigue.

La cure géographique

Je parle bien sûr ici de situations plutôt pénibles à vivre quand une partenaire doit envisager de changer de lieu de résidence suite à sa rupture avec son ex-conjoint violent et qu'elle est constamment victime d'harcèlement de sa part. Je te le concède, cette cure n'est pas toujours la meilleure et la plus simple à suivre selon les circonstances, mais je te suggère d'entrer en contact avec ta police locale pour connaître les différentes options légales qui s'offrent à toi.

Dans ma carrière de policier, j'ai parfois conseillé à des victimes de violence d'envisager le déménagement comme solution possible à leur problème. La loi peut seulement te protéger en partie mais il n'est pas déplaisant de penser non plus qu'il est concevable de recommencer ta vie à neuf ailleurs, dans une nouvelle ville. Je ne te dis pas de déménager à chaque rupture mais simplement que tu as cette possibilité si vraiment tu te sens traquée comme une bête et que tu n'as pas pensé à ce dénouement réalisable.

Comme tu peux le constater, les différentes cures dont je t'ai brièvement parlé sont là pour faciliter ta vie de couple, mais il n'en demeure pas moins qu'une bonne communication avec ton conjoint – où vous vous dites les vraies choses dans le plus grand respect l'un de l'autre – est vraiment une avenue à favoriser pour grandir dans votre amour.

CONCLUSION

Selon moi, pour préserver une relation d'amour saine, il est important de tomber en amour plusieurs fois, et toujours avec la même personne. Je crois que de s'apprécier mutuellement et d'apprendre à se divertir ensemble tout en jouissant des petits plaisirs de la vie, cela fait partie des éléments clés pour maintenir un plaisir relationnel.

Bien sûr, c'est beau d'être en amour, surtout quand on y découvre le plaisir et la joie de vivre. Trop de gens sont en amour et croient que l'amour leur assurera le bonheur. C'est inexact de penser ainsi car le bonheur est dans ton âme et ton esprit, et toi seul peux le préserver ou le démolir. L'amour est en nous tous, soyons assez en amour avec nous-mêmes pour le partager sainement.

De plus, l'amour est si fort qu'il peut rendre une personne méconnaissable, la haine aussi. On peut dire avoir vécu seulement si l'on a aimé, et aujourd'hui plus que jamais, c'est le temps d'en profiter. J'espère que cet ouvrage t'a permis de te connaître davantage, de découvrir des aspects de toi qui te permettront désormais de vivre ton amour au jour le jour, d'en jouir pleinement pour ne jamais le perdre et te perdre. Que ton amour se ravive à la flamme de ton être et de celle de l'être aimé pour que vous empruntiez ensemble, le cœur ravi, ce chemin à deux en quête d'un amour merveilleux, simple et spontané, comme tu désires le vivre. Je te le souhaite.

Merci mille fois à ma douce maman de m'avoir fait comprendre la puissance de l'amour par ses attentions constantes auprès de nous, ses enfants, et par le soutien inconditionnel qu'elle a prodigué à son mari lors de ses nombreux séjours à l'hôpital et tout au cours de sa vie. Que Dieu te bénisse, jamais je n'oublierai tout ce que tu as fait pour moi.

REGARDE

Regarde comme tout est tout calme
La mer effleure la terre
Oh, libres et dégagés
Sûrs et rassurés
Nous le sommes en nous
Oh, tendres et tout donnés
Charme parfumé
Pour vous le montrer
Notre amour
Notre amour

Viens
Le temps est fin prêt d'aimer
Viens
Écoute ton refrain dans le mien
La terre patiente d'envie
Qu'on chante sa mélodie...

Regarde comme tout se partage
La joie du même paysage
Oui, ciel et mer d'une page
Marient leurs couleurs
Par soleil reflets
Oui, les montagnes découpent
Le ciel qui coupe
La terre et la mer
En amour
Mon amour

Viens
Le temps est fin prêt d'aimer
Viens
Écoute ton refrain dans le mien
La terre patiente d'envie
Qu'on chante sa mélodie...

Regarde comme tout est semblable
Cette paix tout agréable
Oh, le vent qui ressemble
À nos gestes offrandes
Du doux temps d'aimer
Oh, rires dedans poèmes
Force création
Dans un trait d'union
D'amour
Mon amour

Viens
Le temps est fin prêt d'aimer
Viens
Écoute ton refrain dans le mien
La terre patiente d'envie
Qu'on chante sa mélodie...

Paroles et musique: Jean-Pierre Manseau
Auteur-compositeur-interprète
de Théo et Antoinette,
un classique de la chanson québécoise